现代企业精细化管理与经营实战丛书

服务驱动增长

个性化服务
+
精细化管理
+
客户关系维护

闲云 著

化学工业出版社

·北京·

内容简介

企业应该先做产品，还是先做服务？在企业的整个发展过程中，产品很重要，但服务绝对不能忽视，谁忽视对客户的服务，谁的未来之路就不会走得太远。

本书围绕"服务驱动增长"的主题，全面而详尽地分析现代企业（品牌）如何做好对客户的服务工作。第 1 章分析个性化服务的基础知识及重要性，个性化服务有助于企业与客户长久而忠诚关系的形成，这种关系一旦形成，将会贯穿产品、运营和营销等方方面面；第 2 章介绍客户价值评估，介绍如何对客户价值进行精准而科学的评估，从而构建一个高效的价值评估体系；第 3 章介绍客户优化细分，并介绍如何对不同客户进行精细化管理的方法、技巧；第 4 章介绍与客户深度沟通，从销售和客服工作两个层面进行详细论述；第 5 章介绍客户关系维护，目的是帮助企业树立粉丝思维，轻松将临时客户变为终身用户；第 6、7 章重点介绍了企业的老客户和大客户管理，包括步骤、流程、策略等；第 8 章是本书的升华，分析了如何将客户关系转化为商业增长力，实现通过服务确定企业发展的长远目标。

图书在版编目（CIP）数据

服务驱动增长：个性化服务+精细化管理+客户关系维护 / 闲云著. -- 北京：化学工业出版社，2024.9. （现代企业精细化管理与经营实战丛书）. -- ISBN 978-7-122-45862-9

Ⅰ．F719

中国国家版本馆CIP数据核字第2024EZ7344号

责任编辑：卢萌萌		文字编辑：张瑞霞　沙　静	
责任校对：刘　一		装帧设计：王晓宇	

出版发行：化学工业出版社
　　　　　（北京市东城区青年湖南街13号　邮政编码100011）
印　　装：河北延风印务有限公司
880mm×1230mm　1/32　印张8　字数164千字
2025年2月北京第1版第1次印刷

购书咨询：010-64518888　　　　　售后服务：010-64518899
网　　址：http://www.cip.com.cn
凡购买本书，如有缺损质量问题，本社销售中心负责调换。

定　　价：58.00元　　　　　　　　　　版权所有　违者必究

前言

近年来,我国经济增长速度有所减缓,各行业结束了快速增长的黄金时代,不少企业还陷入了增长停滞的窘境。如果说,前几年企业发展得一帆风顺,是得益于经济大环境好,那今后相当长一段时间内必须转变策略,展开"自救"。

经济大环境是外部影响因素,大家都可以享受得到,你做得好,他也可以做得好;而依靠"自救"来获取生存则不一样,考验的是企业的资金厚度、基础建设、人才建设、文化底蕴等综合实力,这是拉开企业与企业之间差距的根本性力量。

所以,在新的形势下,企业需要增强自增长能力。从依靠外部拉动向内部驱动转变,从"以开发新客户",主打迭代更新为主,向"挖掘大客户、老客户潜力"为主,提升客户复购率转变;从"以产品为中心"向"以服务为中心"转变,以服务驱动增长。

本书认为企业要想实现自增长,首先需要从战略高度重新审视"服务",重塑企业与客户的关系。本书共8章,紧紧围绕客户服务工作的转型与升级展开,旨在构建一套帮助企业在逆境中实现利润增长的方法论。即以"服务驱动增长",为客户提供个性化服务、精细化管理、互惠互利的企客关系。

第1章阐述企业要为客户提供个性化服务，以改变企业与客户之间的关系。对于任何企业而言，个性化服务是根本和基础，有助于企业与客户形成一种长久而忠诚的关系，这种关系一旦形成，将会贯穿产品、运营和营销等方方面面，最终帮助企业实现利润增长。

第2章讲述的是客户价值评估，为客户提供服务是建立在客户价值正确评估的基础上的，客户价值评估不到位，企业就无法向客户精准地提供服务。

第3章是客户优化细分，并对于不同层级的客户进行精细化管理。

第4章介绍了如何与客户进行深度沟通，并从一线销售人员的销售工作和客服人员的售后工作两个层面进行详细阐述。

第5章介绍了客户关系维护，帮助企业树立粉丝思维，客户与粉丝是不同的，客户只是购买产品的人，而且大多具有一次性，粉丝才是使用产品的人，复购性更高。要想真正拥有客户资源，就需要将客户变为粉丝。

第6、7章是本书特别重要的内容，主要介绍了企业两类重点客户：老客户和大客户，留下1个老客户抵得上100个新客户；20%的大客户可以创造80%的利润。所以，在整个客户管理链条中，要注重这两类客户的管理，尤其是既是大客户又是老客户的那一部分，绝对是企业的宝贵财富。

第8章是本书内容的升华部分，介绍了如何将客户关系真正转化为商业增长力。客户关系也决定了企业到底通过什么样的方式来引领消费者消费，在消费过程中如何与消费者互动，与消费者产生关系和链接。

本书语言通俗易懂、图文并茂、案例典型，结合了当前已经取得非常好业绩的企业和品牌进行分析。本书既有理论分析，又有方法、技巧传授，兼具实用性和可读性，致力于帮助中小企业（品牌）快速具备"自增长"的能力，掌握逆境之中自救之道。

目 录

第 1 章　从标准到个性：
批量化服务时代结束，个性化服务全面开启

案例导读　　　　　　　　　　　　　　　　　　002
1.1　个性化服务正在取代批量式服务　　　　　003
　　1.1.1　个性化服务的定义　　　　　　　　004
　　1.1.2　"针对性强"是个性化服务的
　　　　　 显著特点　　　　　　　　　　　　007
1.2　个性化服务，前提是尊重客户需求　　　　009
　　1.2.1　充分挖掘客户需求　　　　　　　　009
　　1.2.2　客户需求调研的 4 种方法　　　　　012
　　1.2.3　满足客户需求的 4 层含义　　　　　018
1.3　批量式服务向个性化服务转型　　　　　　020
　　1.3.1　传统批量式服务的类型　　　　　　020
　　1.3.2　批量式服务向个性化服务的转化　　026
　　1.3.3　个性化服务的形成要素　　　　　　028
　　1.3.4　个性化服务标准与规范　　　　　　032

第 2 章　评估客户价值：
为客户提供个性化服务的重要前提

案例导读　　　　　　　　　　　　　　　　　　038
2.1　明确客户类型　　　　　　　　　　　　　039
2.2　重视客户价值　　　　　　　　　　　　　040
2.3　客户价值评估之RFM模型　　　　　　　　044

	2.3.1 RFM 模型与客户消费能力	044
	2.3.2 利用 RFM 模型进行数据获取和分析	045
2.4	客户价值评估之四象限分类法	049
2.5	新、老客户价值评估要区别对待	051
	2.5.1 新客户价值评估：经济分析法	051
	2.5.2 老客户价值评估：指标体系评价法	053
2.6	基于客户价值，建立四位一体的服务体系	056
	2.6.1 满足基本需求层次的服务	056
	2.6.2 满足期望需求层次的服务	056
	2.6.3 满足渴望需求层次的服务	058
	2.6.4 满足"意料之外"需求层次的服务	060

第3章 客户细分：
为客户提供个性化服务的基础条件

案例导读	063
3.1 客户细分的概念和类型	064
3.1.1 客户细分的概念	065
3.1.2 客户细分的类型	066
3.2 根据区域市场细分	068
3.2.1 区域市场形成的影响因素	068
3.2.2 区域市场下的客户分类模型	071
3.3 根据客户属性细分	073
3.3.1 根据客户年龄划分	074
3.3.2 根据客户性别划分	082
3.3.3 根据客户性格划分	084
3.3.4 根据客户受教育程度划分	091
3.3.5 根据客户的购买力划分	093

第 4 章 保持充分沟通：
挖掘客户需求，形成基于需求的个性化服务

案例导读 099
4.1 端正沟通态度 100
  4.1.1 与客户沟通要"诚"意十足 100
  4.1.2 与客户沟通要保持同理心 105
4.2 深度沟通的技巧：销售人员 107
  4.2.1 挖掘客户真正的需求 107
  4.2.2 提炼产品卖点 111
  4.2.3 给客户以积极的期待 114
  4.2.4 谈论客户喜欢的话题 116
  4.2.5 降价不降值，学会报价技巧 119
  4.2.6 适度沉默，让客户说话 124
  4.2.7 在客户最需要帮助时，多帮帮对方 126
  4.2.8 留心客户态度的突变 129
4.3 深度沟通的技巧：客服人员 130
  4.3.1 集中解决客户的问题 130
  4.3.2 保持良好的服务态度 132
  4.3.3 重视沟通的过程 133
  4.3.4 将沟通主动权让给客户 136
  4.3.5 处理客户抱怨的原则 137
  4.3.6 积极回访，重视客户的反馈 139

第 5 章 经营客户关系：
用个性化服务带动企业走向粉丝经济

案例导读 145
5.1 企业需要忠诚的粉丝 146
5.2 实现粉丝营销的两种方式 148
  5.2.1 打造社群 149

  5.2.2 建立互动社交平台   151
 5.3 粉丝忠诚度的构建与培养   153
  5.3.1 完善客户信息   153
  5.3.2 精准分析粉丝需求   154
  5.3.3 创建粉丝需求组合   155
  5.3.4 记录并处理粉丝数据   156
  5.3.5 健全粉丝反馈机制   158

第6章 老客户个性化服务策略和技巧

案例导读   165
 6.1 老客户是企业的宝贵资源   167
 6.2 个性化服务是留住老客户的法宝   170
 6.3 完善资料，构建老客户管理体系   172
  6.3.1 建立老客户档案   172
  6.3.2 多方搜集老客户资料   175
  6.3.3 整理，并分析老客户资料   178
  6.3.4 对老客户档案进行分类   179
  6.3.5 老客户档案电子化   182
 6.4 提升老客户留存率的措施   186
  6.4.1 重视服务细节，买得放心，用得舒心   186
  6.4.2 彻底帮助客户消除后顾之忧   190
  6.4.3 做好客户的"利益代言人"   194
  6.4.4 真正留住老客户的是文化   197

第7章 大客户个性化服务策略和技巧

案例导读   201
 7.1 重视对大客户的管理   202

7.1.1	重视大客户管理的原因	202
7.1.2	大客户管理的概念和特征	205

7.2 大客户筛选和服务 209
  7.2.1 大客户的筛选 209
  7.2.2 提升大客户服务 210

7.3 大客户管理面临的三大困境 214
  7.3.1 没有目标客户 215
  7.3.2 不会挖掘大客户需求 217
  7.3.3 留不住大客户 219

7.4 三大困境的应对策略 222
  7.4.1 开发前 222
  7.4.2 开发中 225
  7.4.3 开发后 228

第8章 从体验到增值：
体验只是过程，实现增值才是终极目标

案例导读 232

8.1 客户服务工作带来的商机 233
  8.1.1 客服工作与商机的互联互动 233
  8.1.2 客服工作中蕴藏的商机 236
  8.1.3 商机挖掘的流程与方法 237

8.2 商机处理流程和注意事项 240
  8.2.1 商机处理的流程 240
  8.2.2 商机处理的注意事项 244

第1章

从标准到个性：

批量化服务时代结束，个性化服务全面开启

服务驱动增长：
个性化服务 + 精细化管理 + 客户关系维护

案例导读

亚朵酒店是一家高端连锁酒店，提倡人文、温暖、有趣的生活方式，主旨是通过持续改进服务与体验，塑造和完善人们的未来生活，"让人与人之间有温度地连接"。其成立于2016年，并在之后短短的几年内迅速崛起，主要原因与其个性化的服务打造有关，凭借着几项超预期的服务体验，获得业界非常高的口碑。

亚朵的服务贯穿客人从进店到离开的整个流程。例如，客人刚进门，服务人员就会马上递上一杯茶水，然后，在三分钟之内，办理完入住手续，最大限度地减少等待时间。虽然这是很小的细节，但对于商务人士而言却十分重要。

再例如夜宵服务，酒店明确规定9～11点提供免费夜宵，大大缓解了客人一天的疲劳。不少商务人士白天忙应酬，回到酒店就很晚了，吃上一顿热乎乎的夜宵肯定会感觉很舒服。

亚朵酒店最大特色在于其服务遵循了"峰终定律"，如图1-1所示。这一定律表明，我们对某一事物或某人的评价，主要取决于过程中高潮点和结束时的感受。换句话说，对于愉快或痛苦的经历，我们并不敏感于其持续时间的长短，而更关注于高潮点和结束时关键环节的状态。

所以，亚朵酒店会在客人离开时附加一些十分人性化的服务细节。每当客人离开时，前台人员都会送上离别小礼物。比如，前台会说："先生/女士，是要赶飞机吗？送你一盒加热眼罩，在飞机上好好休息一下"。这时客人肯定会有一种特别的幸福感。

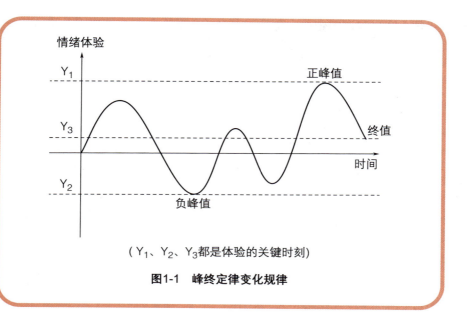

（Y_1、Y_2、Y_3都是体验的关键时刻）

图1-1 峰终定律变化规律

由此可见，亚朵的迅速崛起是有深层原因的，即处处能够围绕客户需求来设计服务。最佳的服务体验不需要面面俱到，而是要有特色、差异化、个性化。亚朵独特的服务理念和个性化服务方式成为吸引客户的法宝，纵观那些星级酒店、高档餐饮、会所，尽管费用不菲，但仍能吸引一大批客户，也是这个原因。

服务是否有个性，直接关系着企业产品的销售，而销售又直接决定最终的收益。诸多事实证明，谁能提供个性化、有特色的客户服务，谁就能获取更多的客户，在市场上取得竞争优势。

1.1 个性化服务正在取代批量式服务

为客户提供个性化服务，目的就是要满足客户个性化需求。凡是受客户欢迎的企业，都源于有个性化的服务。个性化服务质量越高，对客户吸引力越大，对企业增长的驱动力越强，直接促进了企业的发展。

1.1.1 个性化服务的定义

受客户青睐的企业，大多都源于能为客户提供个性化服务。而且个性化服务质量越高，对客户的吸引力越大，对企业增长的驱动力越强。

虽然个性化服务屡被提及，但真正能做到的企业并不多，有的缺乏意识，对个性化服务不够重视；有的受客观条件限制，有心无力，没有能力提供。总之，由于这样或那样的原因，导致所谓的个性化服务成一句空话。

那么，什么是个性化服务呢？在了解它之前，先了解批量式服务的概念，以及个性化服务与企业整个服务体系之间的关系。

（1）批量式服务的概念

批量式服务通常是批量式的，是企业在客户消费前统一制订的一系列定制式、标准化、无区别性的服务方案。

（2）个性化服务与批量式服务的关系

个性化服务是企业服务的一部分，隶属于企业服务范畴，但又高于批量式服务工作，是企业客服工作的高级阶段，是对批量式服务的一次增值，重在满足客户的特定需求。

个性化服务与批量式服务的关系如表1-1、表1-2所列。

第1章
从标准到个性：批量化服务时代结束，个性化服务全面开启

表1-1 个性化服务与批量式服务的相同之处

相同项	具体内容
理解客户需求	个性化服务和批量式服务共同目标是相同的，即理解客户的需求，并提供满足这些需求的解决方案。客服人员通过与客户进行有效沟通，了解他们的偏好、问题和诉求，从而提供个性化的支持和服务
建立良好的客户关系	个性化服务和批量式服务都致力于建立和维护良好的客户关系。客服人员通过关怀、耐心和专业的态度，与客户建立积极的互动，并提供个性化的服务，从而增强客户满意度和忠诚度
数据驱动决策	个性化服务和批量式服务都需要使用客户数据。客服人员可以通过分析和利用客户数据，了解客户的购买历史、偏好和行为，以更好地理解他们的需求，并为其提供个性化的服务和支持
持续改进和创新	个性化服务和批量式服务都需要不断改进和创新。通过定期收集客户反馈和评估市场变化，客服团队可以调整和改进服务策略，以提供更加个性化的服务，满足客户的不断变化的需求

表1-2 个性化服务与批量式服务的不同之处

不同项	具体内容
客户需求理解程度不同	个性化服务更注重对客户需求的深入理解，即通过收集、分析客户数据，了解客户消费偏好、消费行为，以提供与其独特需求相匹配的服务方案。批量式服务更注重提供标准化的服务和支持，以解决客户购买前后所遇到的问题

服务驱动增长：
个性化服务 + 精细化管理 + 客户关系维护

续表

不同项	具体内容
服务定制依据不同	个性化服务是根据客户的独特需求，提供定制化的服务。批量式服务能够根据客户偏好、历史交互和个人情况，为其提供个体化的建议、推荐解决方案。相比之下，普通服务提供的标准式的解决方案，适用于客户的大多数情况
互动方式不同	个性化服务通常需要更深入的互动和沟通。客服人员需要与客户建立亲密联系，了解其需求，并确保提供个性化服务。而批量式服务可能更多地依赖于快速回答问题或提供基本支持，不需要同样程度的互动和沟通
目标和策略	个性化服务通常采用差异化的策略和方法，以满足不同客户的要求。相反，批量式服务的目标是提供标准化的支持和解决方案，以尽可能高效地解决客户问题
为客户提供的解决方案不同	个性化服务是针对每个客户的独特情况，提供相应的、以满足其个性化的需求。而批量式服务是针对客户存在的普遍问题进行解决和提供技术、能力支持

综上所述，个性化服务和普通服务是相互关联的。客服工作为个性化服务提供了基础，通过了解客户需求，提供定制化建议和解决问题来实现个性化服务。在这个过程中，客服人员扮演着重要的角色，通过与客户的互动和合作，为其提供满足其个性化需求的解决方案。

总之，个性化服务和批量式服务的区别在于对客户需求的理解

第1章
从标准到个性:批量化服务时代结束,个性化服务全面开启

程度、服务定制程度、互动方式、数据驱动决策以及目标和策略的不同。个性化服务注重个体化需求的满足,而批量式服务更注重大众化需求的满足。

1.1.2 "针对性强"是个性化服务的显著特点

个性化服务是企业随着客户需求多元化,而产生的一种新服务理念,是在标准化基础上,结合多样化的客户需求,通过丰富内容、改善细节、优化流程等方式,有针对性地满足客户特殊需求的一种方式。

个性化服务最显著的特点是"针对性强",这里的针对性包括两个层次,如图1-2所示。

图1-2 个性化服务针对性特点的两个层次

(1)第一个层次:针对客户

第一个层次称为"双特"个性化服务,是针对特别客户的特别需求,特别客户是指企业的重点客户群。

【案例1-1】

以某高档餐饮企业为例。该餐饮企业建立了较丰富的客户档

案。针对客人姓名、工作单位、对菜肴的口味偏好、菜肴喜好禁忌、用餐习惯等收集了详尽的资料。

例如，客户A：餐前小馄饨、冻鱼、冰糖蜂蜜水、河豚不放蔬菜；

客户B：喝白开水、喜吃掌翼；

客户C：喝屈臣氏苏打水、开胃小碟需要剁椒、蒜泥油碟、菜肴不放糖；

客户D：喜橄榄油拌茄丝、黄菊花茶。

每当得知客人来用餐时，该包厢负责主管、服务员都能针对该客户开展有针对性的服务。

（2）第二个层次：针对需求

第二个层次可以称之为"一特"个性化服务，是针对普通客户的特别需求，是"双特"个性化服务的一种补充。

个性化服务不仅为特殊的客户而定，还包括普通的大众服务。大众客户也是有特殊需求的，针对这部分客户需要制定细致入微的服务。

比如，为喜欢吃甜食的客人豆浆里加白砂糖；为感冒的客人主动泡上姜茶；听口音客户可能是四川人，主动叫上一份辣椒；客户小孩哭得比较厉害，及时到吧台找小玩具等。

实践证明，这是非常有效的，尤其是客人临时提出的一些需求。接受服务的客人并不是原有需求，但在特定时间产生了个性化需求，此时，如果能提供针对客户的准确到位的个性化服务，客人一定会久久难忘。

毋庸置疑，企业通过开展个性化服务，其客户忠诚度和满意度将在该地区取得领先，也会取得不错的经济收益及良好的社会影响。

1.2 个性化服务，前提是尊重客户需求

为了让客户满意，企业需要提供个性化服务。个性化服务确定的依据是什么呢？那就是客户需求。企业的服务越符合客户需求，客户满意度就越高。

1.2.1 充分挖掘客户需求

个性化服务是企业根据客户的需求和对客户的了解来为客户提供服务。在提供服务之前，企业需要针对客户需求进行深层次的了解，通过各种渠道来收集客户的信息，从而设计不同的服务。

因为，需求才是客户购买的原始动机，客户不论购买任何产品，都是他本身就想要购买的，而不是我们把他说服的，从这个角度讲，企业无论做什么都必须真正了解客户需求，否则一切努力都是白费。

只有客户满意才会有市场，满足客户需求是一个企业发展的基础。同理，为了制订出让客户满意的服务计划，就要充分了解客户需求是什么。

那么，如何充分把握客户的需求呢，需做到以下3点，如图1-3所示。

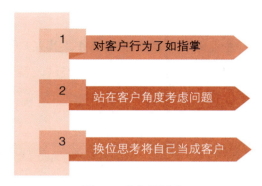

图1-3 客户的需求

（1）对客户行为了如指掌

通过对客户行为的把握来研究他们的需求，例如，对客户的语言行为进行探究，从而以客户的需求为依据设计服务，缩小与客户内心的距离。

（2）站在客户角度考虑问题

了解客户需求要善于站在对方的角度想问题，甚至在服务尚未正式实施时，就要鼓励客户积极参与，使他们能够更好地表达需求，使服务更加契合客户的期望。

（3）换位思考将自己当成客户

保持与客户的联系，通过电话、微信、社交媒体等有效沟通方式，及时获取客户的反馈和意见，以便迅速响应并解决问题。同时，要确保及时反馈，当客户提出需求或问题时，尽快给予回应，告知客户正在处理，并提交解决方案或进展情况。这种高效的反馈能让客户感受到被关注和重视，从而增强客户的信任度和

第 1 章
从标准到个性：批量化服务时代结束，个性化服务全面开启

满意度。

深刻了解客户需求，然后根据需求提供相应的服务，这样才能提升客户满意度。

【案例1-2】

支付宝是一个第三方支付平台，宗旨是为大众提供简单、安全、快速的支付方式。是全球最大的移动支付平台之一，拥有十亿用户。

2013年，支付宝推出余额宝功能，人们可以将支付宝里的钱转到余额宝中，这样就可以得到利息。余额宝又有了银行卡的储蓄功能，所以，支付宝又吸引了一部分银行的客户。

2015年，支付宝再次推陈出新，在软件中加了"我的朋友"选项，客户可以通过支付宝和朋友聊天、发语音、发图片，这与QQ、微信等软件的功能类似。

随后，支付宝又瞄准大众的日常生活需求，并根据需求再优化服务。比如，了解到很多人觉得线下交水电费不方便，支付宝就与相关单位合作，推出在线缴费功能，为大众提供了诸多方便。在线生活缴费的推出让支付宝又多了一大批客户，从年轻人扩展到中年人。

支付宝又与银行展开合作，消费者在支付时可以通过支付宝进行信用卡快捷支付，这样，支付宝又收获一大批使用信用卡的客户。

包括支付宝推出的蚂蚁花呗和借呗等功能，都是围绕大众需求

开发的。在科技日新月异的今天，支付宝显然充分运用了科技，给人们提供了很大的方便，不带钱出门就可以买东西、交水电费；没有钱也能买到自己想要买的东西。

支付宝给客户提供了极大的方便，从多个层面迎合大众的心理。满足客户需求，前提是必须先深入了解客户需求，客户需求深深地影响着服务的质量。一个企业，如果服务得不到客户认可，那一定要从需求层面去反思，思考一下客户使用这项服务是否解决了当下的问题。

人的欲望是无限的，客户需求也永远没有满足的时候。为了提升客户的满意度，企业在服务项目、服务方式上要不断创新，并思考现有的服务存在什么问题，还能有哪些创新，做到真正以客户为中心，为客户着想。

1.2.2 客户需求调研的 4 种方法

满足客户需求的前提是对客户的需求进行实际调研，通过掌握客户的一手材料来分析、归纳和提炼客户有哪些需求。只有明确了客户有哪些需求，才能有针对性地提供产品或服务。

客户需求的调研通常有4种，具体如图1-4所示。

（1）直接询问法

询问法是客户调研最简单的方法，企业设计与产品有关的问题，以线下会议，或在线聊天的形式，针对不确定人群进行询问，以搜集客户对问题的答案。通过得到的答案获得企业想要的信息。

图1-4 调研客户需求的4种方法

通过对客户需求更深入的了解,企业可以根据了解到的需求,提供个性化的客户服务。

(2)面对面访谈法

面对面访谈法就是企业人员和被调研者面对面交谈,是所有调研中使用最为广泛的方法之一,因为人员面访可以立即得到受访者的回答,所以人员面访也被认为是最有效的方法。

这种方法操作起来简单方便,调研起来十分自由,不必有太多约束。企业人员可以按照事先准备的问题进行逐个询问,然后对立即收到的答案进行记录,如果对方有什么问题,企业人员也可以立刻把问题记录下来,随后细致地解答对方的问题。

在与对方访谈的过程中,企业人员可以随时根据情况进行进一步提问,让对方对产品更加了解,让客户尽情发表对产品的看法,说出自己对于产品的想法,帮助企业发展产品的功能,开发更多的服务功能。

（3）电话沟通法

电话沟通法是一种十分受欢迎的形式，成本低，连接速度快，时间较为自由。适用于产品功能少，介绍相对简单的情景。

电话沟通法具体又可以细化为两种，一种是计算机辅助式电话调查，另一种是计算机直接控制。

① 计算机辅助式电话调查。计算机辅助式电话调查是指工作人员将问题和搜集到的受访人员的电话输入到计算机中，计算机按照电话号码来拨打，然后按照之前输入的问题来向受访者进行提问，再将受访者的答案输入到计算机中自动记录和保存。

这种调查方式将计算机和电话的功能结合在一起，十分先进和高效。在许多国家都普遍使用，深受企业的喜爱。

② 计算机直接控制。计算机直接控制是在电话设备的基础上再加上一套控制设备，这套设备可以直接控制调查进程，节省访谈时间，提高访谈质量。

这套设备可以听到受访者和调查者的一言一行，而且还具有智能语言识别功能，如果听到调查者和受访者哪一句话里的措辞不严谨或者错误，那么中心控制电话会立即打断两个人之间的对话，然后对两个人的对话进行纠正。

在电话沟通结束之后，中心控制电话会对电话调查进行评价，让调查人员知道这次访谈哪些问题问得合适，哪些问题问得不合适，访谈中还有哪些地方是可以改进的。计算机直接调查会严格要求整个电话调查的时间，每一个问题要控制在一定的时间之内，既不浪费受访人员的时间，也保证工作人员的工作效率。

无论哪种方式，都有优势也有一定的局限性。首先，与受访者进行电话沟通，虽然能够及时得到受访者的回复，但无法看到受访者的表情，无法判断受访者回答问题时的心情和态度。其次，打电话极容易遭到受访者的拒绝，而且对于受访者的拒绝，工作人员没有任何办法。再次，电话调查只能用语言来向客户展示产品，客户不能看到真实的产品，感受不到产品的性能。最后，电话调查的对象有局限性，人们对自己的隐私十分重视，不会轻易透露自己的电话号码，而且有些人对这些不感兴趣，接到了电话之后也会"拉黑"，这就导致受访对象的局限性。

（4）线上调研法

随着信息时代的发展，网络的使用也愈发广泛，因为其低成本、便捷性等优势，逐步成为最广泛的一种方法。线上调研法的优势主要有以下几点（图1-5）。

① 速度快。因为是网络调查，所以整个调研的过程，包括问题的呈现，受访者的答题、发送，工作人员的接收和审核都是通过网络实现的，只要通信条件好，这些步骤都是可以立即实现的。

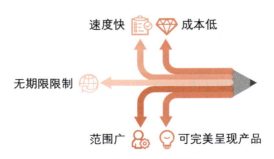

图1-5　线上调研法的优势

一个调研用很短的时间就可以完成，整理结果比较方便，效率非常高。

② 成本低。用电话调研需要支付电话费，用邮寄调研需要支付运费，而线上调研不需要这些费用，一份调查问卷做好放在网上就可以收到成千上万份问卷内容。从费用上讲，线上调研法是花费最少的。

③ 无期限限制。一个调研的调查问卷做好放到网上之后，只要工作人员不在网上注销网页，那么只要有人看到网页就可以参与调研，没有任何期限。而工作人员可以根据调研的情况和受访人员进行后期沟通，发现受访人员在不同时间对产品的不同态度。

④ 范围广。网络的使用是全球性的，使用网络的人不计其数，不限国籍和地区，不限年龄和性别，线上调研法可以接收到来自各种各样人群的反馈，问卷内容具有多样性，是所有调研方式中受访人员范围最广泛的。

⑤ 可完美呈现产品。在线上调研法中，工作人员可以将产品信息、图片放在网页上，把产品操作的动态图、视频也放在网页上，这样就可以完美呈现在被访人员面前。同时，也可让被访人员对产品作出客观、准确的评价。在展现产品方面，线上调研法具备其他任何调研方式都不具备的优势。

同时，线上调研法也是有缺陷的，主要体现在以下3点。

首先，线上调研法的受访人员都是会上网的人，不会上网的人不可能参与这项调研，比较有局限性。

其次，人们出于对自己隐私的保护，不会都填写真实的信息，这就会让工作人员得到错误的信息。有的人可能会重复填写或者操作失误，让工作人员收集到错误的信息。

最后，网络安全性的问题，线上调研法有可能会发生信息泄露等问题，建立健全的网络安全机制也是工作人员要付诸行动的。

关于线上调研法，工作人员还有很多要努力的地方，企业目前常用的调研方法有三种。

第一种：给受访人员发送电子邮件。

工作人员将调查问卷从纸质版整理成电子文件，通过电子邮件发送给被访人员。一般需要专门的工作人员负责整理接收人，然后将邮件发送出去，被访人员回答完后，再以同样的形式反馈给工作人员，工作人员进行统一收集和整理。因为电子邮件操作简单，反馈率高，因此运用较多。

第二种：计算机辅助电话进行访谈。

计算机辅助电话系统可以帮助收集、完善调查问卷的信息，修正并更新调查问卷的问题，然后自动保存问题，下次受访人员打开可以直接填写最新的调查问卷。

计算机辅助电话系统最大的优点就是可以做到信息的交互，如果发现受访人员的答案有不符之处，可以进行修改。

第三种：专业的网络调研系统。

网络调研系统为线上调研法而产生，在工作人员制作完成调查问卷之后，它可以制作成链接自动上传到网上。工作人员通过网络调研系统可以在任何时候对数据进行整理和统计，使用简单，操作方便。

1.2.3 满足客户需求的4层含义

"以客户为中心"其实就是以客户需求为中心，处处满足客户的需求。那么，什么是客户需求的满足呢？大致包括4个方面（图1-6）。

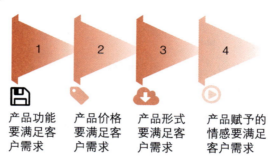

图1-6 满足客户需求的4层含义

（1）产品功能要满足客户需求

产品功能是根据客户的需求设定的，一个产品功能不符合客户需求，就没有了存在的价值。因此，为了满足客户需求，产品功能不仅要包括客户所需的基本需求，还要有其他产品没有的功能。这样的产品才能有市场，有竞争力，被客户所喜欢。

（2）产品价格要满足客户需求

产品的价值决定它的价格，产品的价格体现它的价值。两个相同的产品，没有一个客户喜欢花更多的钱，相反，客户喜欢用较低的价格购买。客户和客户之间只会比谁的产品好，谁的产品价格低，谁的产品功能多。也就是说，所有的客户都希望买到性价比高的产品。因此，企业生产一个产品时，如果想让产品拥有市场，那么，产品就得有特别之处，在保证功能、质量不落后的前提下，努力降低成本。

（3）产品形式要满足客户需求

产品形式包括产品品质和产品所属的品牌，而产品品质和产品的品牌又是相关联的。现代许多名牌产品，本身就代表着产品品质。客户在购买一件产品时，不仅希望买到品质最好的产品，也希望买到知名的品牌，这样可以体现自己的身份和地位。

企业在生产一个产品时，要对产品大肆宣传，提高产品的知名度。如果一个产品拥有好的质量，那么就可以直接提升客户的满意度。这也是产品宣传、扩大市场的一种方法。

（4）产品赋予的情感要满足客户需求

客户的情感需求是指，客户在产品或产品配套服务上得到的情感体验。比如，安全感、舒适度、信任和尊重等。客户在使用产品后，不仅能解决所遇到的问题，还能在心理上产生满意、愉悦之感。

让客户在心理上有满意和愉悦之感，是一个好产品的重要衡量标准。以网易云音乐为例，纵观应用市场上的音乐播放器有很多，其中QQ音乐和网易云音乐是比较受欢迎的两个App。两者相比的话，QQ音乐无论是用户量，还是月活用户、启动次数、使用时长等都领先网易云音乐。但从用户忠诚度来说，网易云音乐反而做得更好。究其原因就是两款App在满足用户情感需求上的不同。

从产品定位角度看，QQ音乐定位是做一款优质的音乐播放器，核心在于提供优质的音乐资源；而网易云音乐定位是做一款社交化音乐播放器，核心在于UCG内容，而这大大激发了用户参与内容创作的积极性，满足了用户想在音乐领域释放自己，寻求被看见，被尊重的心理需求。正是网易云音乐的社交属性，让它在QQ音乐全方位压制的情况下还能打下自己的市场。

1.3　批量式服务向个性化服务转型

随着市场要求、客户需求的转变，传统的批量式服务已经很难满足客户的需求，企业需要向个性化服务转型，由客户服务向客户体验转换，打造独特的服务品牌。

1.3.1　传统批量式服务的类型

传统批量式服务通常是基于大规模生产和标准化流程的，以降低成本和提高效率为目标。企业向客户提供的传统批量式服务，根据不同划分标准有很多不同的类型。而要想向客户提供合理的、高质量的服务，前提就是先了解服务的类型。

传统批量式服务的划分标准有8类，具体如图1-7所示。

（1）按照销售流程分

按照销售流程可以将服务分成三类，分别是售前服务、售中服务和售后服务。售前服务是铺垫，售中服务是关键，售后服务是保障。

① 售前服务。售前服务是指在与客户达成交易之前，企业为客户提供的服务。例如，市场部做的市场调研，了解客户对产品的需求，客户对产品设计的想法，给客户看产品使用说明，回答客户对产品的疑问等。售前服务是成功交易的铺垫，只有售前服务做得

第 1 章
从标准到个性：批量化服务时代结束，个性化服务全面开启

图1-7 传统服务的划分标准

周全、完善，客户才能感受到自己的需求被满足，对产品产生兴趣，产生购买想法。

② 售中服务。售中服务是指销售产品过程中提供的服务，这阶段要求销售人员热情接待客户，详细为客户介绍产品，帮助客户选择出心仪的产品，回答客户试用问题。这阶段的服务，主要靠销售人员的勤快、真诚、执行力，不说大话，踏实，取得客户信任。

③ 售后服务。售后服务是指在与客户交易之后，企业为客户提供的服务，包括对产品的配送、安装、调试、故障后维修、退换等。售后服务是最能体现出一个企业信誉的，有些企业在交易之后就对客户置之不理，这样的企业终会被抛弃。只有完善售后服务，才能让客户没有后顾之忧，让客户始终对企业、对产品忠诚。

（2）**按照客户需求分**

按照客户需求可以将服务分为4类，分别是指导性服务、及时性服务、可靠性服务及善后性服务，具体内容如表1-3所列。

表1-3 按照客户需求对服务的分类

服务类型	具体解释
指导性服务	是指导客户,加深对产品的了解和使用的服务,例如,销售人员解读产品的说明书,为客户做产品使用示范
及时性服务	是指企业针对客户需求紧急程度为客户提供的服务,如果客户需求急迫,就要在第一时间为客户提供服务,如果客户需求不是特别急迫,可以与客户商定一个时间,在规定时间内提供相应服务
可靠性服务	可靠性服务是指一种服务或产品在特定时间内能够以可靠的方式运行或达到预期的性能水平的能力。这种服务通常与系统、设备、软件或网络有关,旨在保证其正常运作并避免故障或中断
善后性服务	企业在客户购买产品后提供的所有服务,核心是解决问题的,比如当产品有瑕疵,或者质量出现了问题,企业会免费为客户提供维修,或者退还服务

(3)按照产品可使用期限分

产品使用期限有长有短,根据不同产品,使用期限服务可以分成4类,分别是短期服务、中期服务、长期服务和终身服务,具体内容如表1-4所列。

表1-4 按照产品可使用期限对服务的分类

服务类型	具体解释
短期服务	是指产品在销售之后1年之内为客户提供的服务,短期服务的产品大多数是寿命短、产品更新快、价格便宜的产品
中期服务	是指产品在售出之后,企业会提供1~5年的服务,中期服务的产品多数是产品使用时间稍长、质量一般、更新速度一般的产品

续表

服务类型	具体解释
长期服务	是指在产品售出之后，企业为客户提供5～10年的服务。适用长期服务的产品，多是质量好、价格高、不易损坏的产品，比如机械、电器等
终身服务	是指产品售出之后，只要产品还在使用生命周期，企业就会对客户提供应有的服务

无论哪种服务，要想提高客户满意度，都不能忘记服务的初衷，真诚服务，微笑服务，贴心服务。

（4）按照产品权益转化过程分

按照产品权益转化过程可以分为两类，一种是技术类服务，另一种是非技术类服务。

① 技术类服务是指企业提供的服务是和技术有关联的，例如相关技术字符，产品使用的技术培训，设计技术的产品安装、调试、维修等。技术类的服务一般都是由企业的专业技术部门来完成的。

② 非技术服务是指企业提供的服务是和技术没有关系的，例如产品的储存、配送、包装、付款等服务。这些服务销售人员可以自行完成。

（5）按照产品使用过程分

按照产品使用过程可以将服务分成三类，分别是基本服务、连带服务和附属服务。

① 基本服务是在企业售卖产品时必须提供的服务。例如，客

户购买某产品时,销售人员需要为对方提供产品展现、介绍、试用等服务。衣服的试穿,项链的试戴,手机的试用,这些都是基本服务,目的是让客户更多地了解产品,适当情况下可以使用。

② 连带服务是与产品紧密相连的一种服务。例如,客户购买一件不便携带的产品,企业要负责配送、安装、调试、维修和退换等。

③ 附属服务是指客户在购买产品时,企业额外赠送的服务,这些服务可以提高客户对产品的满意度。

(6) 按照服务对象分

一个企业服务的对象是不同的,尤其是从事提供服务的行业,如金融、餐饮、物流等。企业会根据服务对象所享受的权利进行划分,一般分为消费型服务和盈利型服务两种。

① 消费型服务。消费型服务是指企业为客户提供的一种与消费品相配套的服务,对象一般是普通的个人或家庭消费者。这类消费者购买产品的目的很单纯,就是为了生活需要,他们对产品没有专业性的了解,不管是产品介绍、产品展示还是产品使用都需要销售人员的引导。

消费型客户在企业中并不集中,他们可能来自各个地方,虽然不方便企业对客户的整理,但对企业产生的作用却是不可忽视的。

② 盈利型服务。盈利型服务是指可为企业带来利润的服务,接受服务的对象一般都是企业重要客户,他们消费频率大、金额多,对企业盈利有着很大的作用。而且这些客户都是有专业知识或者技术的,与企业有着长期的合作,对产品也十分熟悉。

因为是大客户，所以对产品的下单、发货、配送、安装、调试、维修和退换，企业都应十分慎重，做到及时服务、周到服务，必要时还要提供产品的推广、销售、培训等配套服务。

（7）按照服务区域分

按照服务区域分，可以将服务分为定点服务和巡回服务两种类型。

① 定点服务。定点服务是指企业设置固定场所，为客户提供服务。这样的服务一般会选择繁华、人群密集的区域。比如，很多企业设置的服务网点，不仅可以为客户提供咨询服务，还可以进行产品销售、维修等。这些网点有产品零件可供，有专业人员服务，保证了企业和客户之间的沟通联系，及时收到民众对产品的反馈。

② 巡回服务。巡回服务是指企业根据产品客户分布区域来进行重点服务的一种形式。目的是对产品宣传、搜集客户对产品的反馈，开拓新客户等。通过巡回服务，企业可以实实在在地为已购买产品的客户解决问题，同时，也可以了解更多市场需求，挖掘潜在客户。

然而，做巡回服务成本较高，如果遇到偏远地区，需要花费很大人力、资金成本。同时，由于间隔较长，不能给客户提供及时服务，宣传产品不力，服务质量会受到影响，很有可能导致花大成本提供的服务，最后无法收到满意的效果。

（8）按照企业收益分

按照企业收益可以将服务分为免费服务和收费服务。

① 免费服务。免费服务是指企业为客户提供的服务是免费的。为了提升客户满意度，企业在销售产品时会附带一些免费服务，如免费送货、免费安装、免费维修等。免费服务越多，客户对企业的满意度就越高，企业的市场竞争力无形中也会增强。

② 收费服务。收费服务是针对免费服务而言的，免费服务越多，意味着企业付出的成本更大，获得的利润越少。为了弥补这部分缺失，企业会设置一部分收费服务，在满足既得利益的同时，也可以满足一部分客户的特殊需求。收费服务需要花费一定的费用，但由于能满足特殊需求，同样可以提高客户对企业、产品的满意度。

1.3.2　批量式服务向个性化服务的转化

批量式服务与个性化服务之间存在密切的联系，很大一部分个性化服务都是由批量式服务转化而来的。批量式服务向个性化服务转型，是指在满足客户需求的前提下，从标准化的、一致性较高的服务模式转变为更加个性化、定制化的服务模式。

随着社会的发展和消费者需求的多样化，批量式服务模式已经无法完全满足客户的个性化需求。因此，许多企业开始采取个性化服务策略，以提供更加定制化的体验。

以下为某星级酒店为客户制定的个性化服务案例。

【案例1-3】

绝大多数客人晚上休息时，喜欢将客房的遮光窗帘拉合好，才会睡得香甜，因而酒店服务程序中规定对住客房间开夜床。然而有

第 1 章
从标准到个性：批量化服务时代结束，个性化服务全面开启

的客人却因一天的工作劳累，常常一觉到天亮，为了不影响第二天的正常工作，希望将遮光窗帘中间留出一条缝，这就需要细心的服务员发现、分析、判断，在夜床服务时提供客人满意的服务。

服务员早上清扫房间时发现，客人将开夜床时已折叠好的床罩盖在床上的毛毯上，再看空调是23℃。这时服务员应交代中班服务，夜床服务时将温度调到26℃左右。如果酒店空调温度不够，则立即主动加一条毛毯给客人。

服务员清扫房间时，发现一张靠背椅靠在床边，服务员仔细观察，发现床上垫着一块小塑料布，卫生间还晾着婴儿衣裤，服务员这才明白，母亲怕婴儿睡觉时掉到地上，酒店服务员随即为客人准备好婴儿床放入房间。

清扫房间时，发现床单、毛毯、床垫等各处都有不同程度的秽污。服务员马上意识到，是客人因饮食不慎引起肠胃失调，应将所有脏的物品更换一新，还应与客人联系，询问是否需要及时治疗，让客人得以康复。

服务员发现客房中放有西瓜等瓜果，则主动为客人准备好托盘、水果刀和牙签。

以上事例说明，做好细节但常常使客人惊喜万分。总之，要想为客人提供优质服务，做好个性化服务，必须走近客人，细心观察，只有站在客户角度，去看待、分析、处理问题，才能收到实效。

批量式服务向个性化服务转化，可以通过以下步骤实现。

（1）数据分析和个性化推荐

通过收集、分析客户数据，了解其偏好和需求，并根据这些信息提供个性化的产品或服务推荐。

（2）定制化选项

为客户提供多样化的选择，允许他们根据自己的需求和喜好进行个性化的定制。

（3）个性化沟通

与客户建立更加紧密的联系，通过定制化的沟通方式，例如个性化的电子邮件、短信或社交媒体信息，与客户进行互动和交流。

（4）专属服务

为高价值客户提供专属的服务，例如专属客户经理、VIP待遇或定制化的解决方案。

（5）积极收集反馈，坚持持续改进

积极收集客户反馈，并根据反馈不断改进和优化服务，以更好地满足客户的个性化需求。

总之，传统服务向个性化服务转化是一种顺应消费者需求变化的策略。通过个性化服务，能够更好地满足客户的需求，提高客户满意度和忠诚度，从而获得竞争优势。

1.3.3 个性化服务的形成要素

批量式服务在向个性化服务转型的过程中，需要加入个性化要素。

（1）情感要素

从客户需求满足的角度讲，主要有两个方面，一个是精神需求，另一个是物质需求。物质需求可以是在价格上给予客户优惠，或者在客户购买产品后赠予客户一些礼物。物质需求是容易满足的，需要用心的是精神需求。

在客户购买产品之前满足客户的精神需求就是让客户在精神上感到愉悦。例如在商店里播放舒缓轻快的音乐，缓解客户的潜在压力，面带微笑，服务人员在做产品介绍的时候，从客户的角度出发，这样就会让客户感觉十分亲切，让客户有宾至如归的感觉，自然就会感觉很开心。

（2）细节要素

在商店中设计一些细节方面的服务会让客户感觉到温暖，也会感觉到企业的周到。如果能够做到其他企业没有做到的细节之处，就能取得其他企业无法取得的效益，赢得其他企业无法从客户那里赢得的信任。

（3）尊重要素

每个人都是有尊严的，尊重他人是作为一个人最基本的教养，也是两个人能够和平相处的基本条件。尤其是客户和企业之间，客户是花钱的一方，而企业是受益的一方，企业依靠客户生存，所以企业的员工就要给予客户更多的尊重。

尊重是一个人最简单的需求，是正常的需求，无可厚非。只有企业的员工给予客户更多的尊重，才能让客户感到自己被重视、被需要，如果企业和员工能给客户一种"我们的产品能够得到您的青睐和挑选，是一种福气，能为您服务是我的荣幸"的感觉，那么客户就能感觉到企业对员工是进行过专业培训的。当客户感觉到自己被重视，就会很愿意购买产品，成为该产品的客户。

（4）安全要素

不管企业生产的是什么产品，都要以客户的安全为前提，保证客户使用产品的安全是一个企业生存和发展的基础。如果一个产品不能给客户安全感，产品中含有对客户的健康和安全有威胁的因素，那么这个企业一定会受到大众的批判。此时，不管这个产品的外观有多么的美好，服务有多么的全面和周到，客户都不会再选择这个产品，因为这个企业已经失去了客户的信任，企业也失去了声誉。企业一旦失去了声誉，那么其发展将是寸步难行的。

（5）超前要素

任何一个企业都在行业里有许多竞争对手，知己知彼，百战不殆。要想在行业中拥有一席之地，就要对自己的竞争对手有一个充分而全面的了解。要想在服务上战胜其他竞争者，就要对竞争者为他们客户提供的服务了如指掌。在对方提供的服务的基础上提供更加优质的服务，创造一个更加舒适、美丽的购物环境和体验。

其他店面冬天提供的饮品是水，你就可以提供奶茶；其他店面夏天提供的饮品是冰水，你就可以提供酸梅汤；其他店面在茶几上摆着假花，你的茶几上就可以摆着飘着芳香的真花。在茶几上摆上最新的时尚杂志，将店面装饰得温馨、高雅，也会深深地吸引客户的眼光。

（6）创新要素

每个人的欲望都是无限的，客户也是一样的。即使你满足了客户的所有需求，客户还是有可能对企业不满意，所以企业就要未雨绸缪。在满足客户需求的基础上，提供一些客户没有提出的服务，不断给客户惊喜，这样才能维持客户对企业的支持。

（7）喜好要素

服务人员要会察言观色，客户进门之后就要观察客户的衣着和气质，通过对方的衣着和气质来判断客户的级别和喜好，这样在给客户推荐的时候就能有的放矢，个性化服务时也根据客户的喜好来设计。每个人的爱好都不相同，个性化设计的优势就是投其所好，从客户喜欢的元素下手从而得到客户的认可和支持。

（8）针对要素

个性化服务设计的时候一定要与普通服务区别开，所设计产品都要符合客户的喜好，每一项都是针对客户的需求来生产的，大到整个外观，小到产品的细节，不能只有几项满足了客户的喜好，就在其他设计上"随心所欲"，那样就违背了个性化服务的本质。

所有服务人员，在服务时都要时刻谨记四个字：客人至上。一言一行都为客户考虑，为客户着想，满足客户的需求，迎合客户的想法，顺从客户的心意，不反驳、不顶撞、和颜悦色，这样才能让企业蓬勃发展，减少客户流失。

1.3.4 个性化服务标准与规范

任何一件事都有它的规范和标准，无规矩不成方圆。企业个性化服务同样如此，只有有了标准和规范，服务才能真正落实到每位客户身上。因此，向客户提供个性化服务之前，需要制定个性化服务的标准与规范。

个性化服务标准与规范包括两个层面：第一个是符合个性化服务自身具有的标准和规范；第二个是符合服务工作的基本标准和规范。

1.3.4.1 符合个性化服务自身具有的标准和规范

个性化服务标准与规范主要特点是"个性"，你无我有，你有我优。因此，通常没有硬性要求，更没有约定俗成的内容，大家可以相互模仿。

鉴于此，在为个性化服务制定标准与规范，要根据不同行业和服务类型而有所不同，如表1-5所列是一些常见的、应遵守的原则。

表1-5 制定个性化服务标准与规范应遵守的原则

原则	具体解释
了解客户需求	个性化服务的核心是满足客户的个别需求,为了实现这一点,服务提供者需要仔细倾听客户的需求,并确保充分理解他们的期望和要求
强调客户体验	个性化服务应该注重客户的体验。服务提供者应该努力提供愉快、便捷和无缝的服务体验,以增加客户的满意度
提供定制化解决方案	基于客户的需求,提供定制化的解决方案。这可能包括定制产品、个性化建议或专门设计的服务流程
持续改进	个性化服务是一个不断发展和改进的过程。服务提供者应该定期评估和反馈客户的需求,不断优化和改进服务,以适应客户的变化需求
保护客户隐私	在提供个性化服务过程中,服务提供者需要妥善处理客户个人信息,并遵守相关隐私保护法律和规定,确保客户隐私得到充分保护

总结起来讲,制定个性化服务标准与规范主要先了解客户需求、提供定制化解决方案、强调客户体验、保护客户隐私和持续改进。做到了这些,就可以制定出有个性、有特色、令客户满意的服务。

1.3.4.2 符合服务工作的基本标准和规范

制定个性化服务标准与规范,在符合自身要求的同时,也要符合整个服务工作的基本标准和规范,毕竟个性化服务是服务工作的一种特殊状态,个性化服务标准和规范,也不能脱离整个服务工作范畴，一些共有的标准和规范还是需要遵守的。

就像"红马和马"的关系，红马再特殊，首先也是马，具有红马的特征，也具有所有马共有的特征。

那么，个性化服务应该具有符合哪些基本标准和规范呢？主要有如图1-8所示的5个方面。

图1-8　个性化服务应该符合的基本标准和规范

（1）微笑服务

微笑是一种友善、热情和专业的服务态度，是服务人员都需要具备的。良好的服务与微笑是分不开的，在为客户提供服务时要真诚、用心，而微笑是最佳的表达方式，以微笑和积极的表情传递给客户。真诚地对客户微笑，会感染客户，使他调整态度，或者使他感到愉悦。

微笑服务适用于各种行业和场合，例如，零售、餐饮、旅游、酒店等。个性化服务辅以微笑，不仅仅是一种礼貌举止，更是一种与客户建立连接和提供愉快体验的方式，它可以增强客户满意度，促进销售和建立良好的企业形象。

（2）主动服务

服务工作就是要主动，主动为客户提供服务。时时、事事想到，做到客户之前。在个性化服务工作中，主动性非常重要。主动为客户提供服务意味着时刻关注客户的需求和要求，并尽力满足他们的期望。

主动服务包括提供帮助、回答问题、解决问题，以及预测客户可能遇到的需求并提前准备好相应的解决方案。通过主动性，可以提高客户满意度，建立良好的客户关系，并为企业赢得更多的信任和口碑。

（3）态度热情

为客户提供服务，服务人员的态度非常重要，首先就是要热情，让客户感觉到自己的重要性。热情，能表现出对客户的重视，即使利用电话、线上社交工具等沟通，无法谋面，只要你足够热情，对方也能感受得到。但也要注意一个度，凡事过犹不及，热情过度就成了虚伪、迎合。所以，作为服务人员要把握好度，不能让客户感觉不到热情，也不能太过。

（4）语言技巧

服务客户就是一个与客户交流的过程，这个过程语言沟通占的比重很大，所以想要提升服务质量，就需要展现说话技巧。

比如，说话音量要适中，不宜太小，太小会导致客户听不清在说什么，太大会让客户感觉十分烦躁。再比如，音调、音色，一个人说话的音调、音色可以对他人的情绪直接产生影响。如果声线优美,声音甜美、温柔、细腻,那么对方会乐意聆听。相反,说话生硬、粗糙、暴躁,尽管说多么好,都不会让对方喜欢。

(5)动作规范

在为客户提供服务时,还要注意肢体语言,做到动作规范,符合礼节,这是对客户最大的尊重,也是个人教养的体现。

第2章

评估客户价值：

为客户提供个性化服务的

重要前提

服务驱动增长：
个性化服务 + 精细化管理 + 客户关系维护

案例导读

加拿大皇家银行（简称RBC）创始于1864年，总部在多伦多，是加拿大资产规模最大的银行，也是整个北美地区财务金融产品比较多元化的机构之一，主要提供全球化的个人及商业银行服务、信用卡服务、财富管理服务以及保险企业和投资银行的交易处理。

该银行业务遍布北美和全球30多个国家，有1400家分行，旨在为客户解决财务之需，并尽可能以客人选择的语言提供服务。该银行之所以能成为行业中的翘楚，很大原因就是对客户的价值分析。

不同年龄段客户对银行的价值是有巨大差异的，其中18～30岁是银行最不喜欢的，这个年龄段的客户恐怕是最后被选中的人群。因为处于这个人生阶段十分尴尬，收入不稳定，收支不平衡，甚至很多人背着巨额债务，面临信用危机。

然而在RBC领导层看来，这些不稳定的年轻人却是社会的中流砥柱，他们创造财富的能力比任何群体都大，尤其是一些优势行业，大部分财富都掌握在这部分人手中。于是RBC的分析师仔细研究了这一年龄段人群的数据资料，重新评估其潜在价值。

比如，他们就发现医学院或牙科学校在读学生，以及那些实习医师人群，有着巨大的回报潜力。RBC坚定地认为，这一部分人一旦成为银行的客户，那么未来会给银行带来巨大利润。于是，2004年，RBC就发起了一项融资产品计划，目的就是专门满足年轻医学从业者个人及职业发展的融资需求。

这个计划所采取的方式具体包括：助学贷款、为新开业的从业

第 2 章
评估客户价值：为客户提供个性化服务的重要前提

者提供医疗设备贷款，以及为他们的第一家诊所提供发起贷款等。一年之内，RBC针对这类用户群体所定制业务的市场份额从2%快速上升到了18%，而且每位客户给银行带来的收入是银行整体平均水平的3.7倍。银行为这些年轻从业者提供资金帮助的良好意愿，开始赢得客户的回报和嘉奖。

进行客户价值评估说着容易，而做起来很难，RBC是少数真正做到这一点的银行之一。如果企业认为无法从客户身上赚到钱，这不是客户的错，而是企业的错。企业没有为客户做科学而精准的价值评估和分析，对客户需求没有深入的认知，自然无法提供满意的产品或服务。当客户得到了想要的产品或服务，自然会持续购买。

2.1 明确客户类型

为客户提供服务，首先要明确谁是目标客户，这些客户追求的价值什么。过去，许多企业倾向于将客户集中管理，无区别对待，这是源于大多数企业还处于粗放式管理阶段。随着客户需求的多样化、个性化，这种落后的管理方式已经很难适应客观实际。因此，需要对客户进行价值评估，以精准地提供服务。

客户分类是客户价值评估的前提，因此，对客户进行精准分类是客户价值评估的第一步。就像案例导读中的RBC，很少有银行能像它这样在客户细分上精于计算。很多银行甚至不做任何相对细致的划分工作，或者由于细分基于错误的划分标准，也从中获利甚少。精准的、基于需求的客户细分是耗费时间和非常困难的一项工作，而且这项工作的设计初期就尤为重要，任何差池都会使结果出现巨大失误。

至于划分标准有很多种，比如地域、兴趣、性别等。不同类型的客户，客户价值是不一样的，价值不一样，企业所提供的服务就有所差异。

2.2 重视客户价值

客户价值在现代客户管理中越来越重要，很多企业已经建立起完善的客户价值评估体系。那么，什么是客户价值？所谓客户价值，可以理解为客户对企业贡献的大小。

客户价值，往往是企业提供客户服务的重要依据和落脚点。从这个角度看，客户又可以分为3类，如表2-1所列。

表2-1 根据客户价值而划分的客户类型

客户价值层级	客户类型	消费特点
第一层级	重视产品本身的客户	对产品基本了解，并可依靠降低利润或促销手段增加企业利润
第二层级	重视产品增值服务的客户	对产品足够了解，通过销售可带给客户产品自身价值之外的新价值，进而因增值服务实现利润增加
第三层级	重视战略性合作的客户	对产品十分忠诚，可为客户建立特别的价值，即为客户增加利益，实现客户关系因素带来企业持续的利润增长

第 2 章
评估客户价值：为客户提供个性化服务的重要前提

客户与企业的关系基本可以分为4类，如图2-1所示。

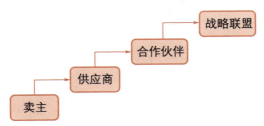

图2-1　客户与企业的关系

这4类客户与企业的紧密程度是逐级递增的，越顶级的客户对企业的贡献越大，与企业的关系越紧密。站在企业的角度，为了显示对客户的重视，还会提出独特的主张，以体现客户的利益，例如，戴尔、惠普等世界500强企业都曾如此做。当然，具体到不同的企业，客户价值在企业中的具体体现不同。

【案例2-1】

戴尔关于客户价值主张有4项内容，分别如下：

（1）提供产品，并协助客户降低产品在管理和销售上的成本；

（2）持续提供行业最优的产品信息与服务，增加产品附加值；

（3）通过创新产品服务为客户增加竞争优势；

（4）建立战略关系，持续保证客户的投资不贬值。

然而，上述4点不是割裂的，它们之间可以构成一个不断循环的客户价值环，具体如图2-2所示。

服务驱动增长：
个性化服务 + 精细化管理 + 客户关系维护

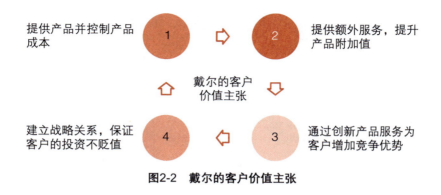

图2-2　戴尔的客户价值主张

【案例2-2】

联想根据（分销）业务模式进行客户细分（图2-3），将客户

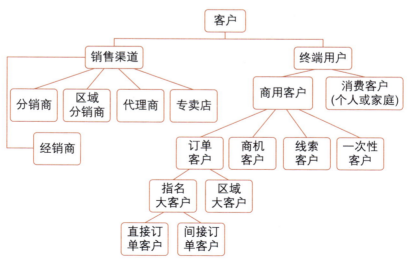

图2-3　联想客户细分示意

第 2 章
评估客户价值：为客户提供个性化服务的重要前提

分为销售渠道客户和终端客户两种。渠道客户又分为分销商、区域分销商、代理商、经销商、专卖店；终端客户又分为商用客户和消费客户（个人或家庭客户）等，其中，商用客户又分为订单客户、商机客户、线索客户和一次性客户。订单客户再细分为指名大客户（直接和间接订单客户）、区域大客户。

【案例2-3】

IBM将客户划分为钻石级、黄金级、白银级，以及其他，不同级别的客户对应企业内部负责维护客户关系人员的职位不同，对企业的贡献、提供的服务也不同，具体如表2-2所列。

表2-2　IBM的客户细分及管理表

客户细分	客户关系	客户价值	提供的服务
钻石级	集团副总裁 集团客户关系总监	营业额50% 利润65%	个性化咨询 IT规划 完整方案
黄金级	区域总裁 集团客户关系总监	营业额25% 利润15%	咨询 个性化方案设计
白银级	大客户经理	营业额20% 利润13%	标准方案 价格优惠政策
其他	—	营业额5% 利润7%	标准方案或产品

2.3 客户价值评估之 RFM 模型

客户价值评估就是对客户的价值进行评估。关于客户价值的大小,可以从多个维度来评估,比如,消费金额、消费频率、消费领域等。为企业带来的利润越多,客户价值就越大。

2.3.1 RFM 模型与客户消费能力

为了更加精确评估客户价值,很多企业都有一个相对固定的评估模型。在客户价值评估模型中,RFM运用最多。

RFM模型是一种客户关系管理工具,是衡量客户价值的重要指标。可以精准地反映客户,尤其是会员客户的价值,衡量客户的创利能力。RFM具体含义如图2-4所示。

图2-4 RFM客户关系管理模型

通过对一个客户近期购买行为、购买总频率及购买总金额3项指标,来评估该客户的价值状况。如果该客户是企业的老客户,也能够较为精确地判断其长期价值(甚至终身价值)。

三者与客户的关系如图2-5所示。

图2-5 RFM与客户的关系

RFM模型在反映会员购买偏好方面具有良好的表征性。比如，一些企业将其运用在会员管理中，连锁会员系统的"统计分析"模块运用RFM模型作出"会员RFM"，帮助企业进一步了解客户的消费行为和消费意向。

从这3项指标数据中就能够知道客户的消费能力、活跃度，以及对企业的忠诚度。同时，以此为依据，判断客户对企业的价值。

同时，企业也可以根据3项指标数据调整对客户的管理，进行更有效决策。例如，消费频率低，可以判断客户对企业的支持程度不够，有流失的可能性，这时就应该立即采取行动，提高服务效率和次数，竭尽全力挽留客户。再如，消费次数少，就可以通过鼓励消费，增加企业与客户的接触机会，以此促进提升消费次数。

2.3.2 利用RFM模型进行数据获取和分析

RFM模型构建后，绝大多数人关注的是如何获取数据。数据的获取途径很多，不过，最后还是有赖于建立完善的数据库。

2.3.2.1 RFM模型数据的获取

最近一次消费（Recency），获取的数据是一个时间点，需要由当前时间点到最近一次消费时间点来作为该度量的值，注意单位的选择和统一，如以小时、天为单位。

消费频率（Frequency），这个指标可以直接在数据库中COUNT用户的消费次数得到。

消费金额（Monetary），可以将每位客户的所有消费的金额相加（SUM）求得。

获取三个指标的数据以后，需要计算每个指标数据的均值，分别以AVG（R）、AVG（F）、AVG（M）来表示，最后通过将每位客户的3个指标与均值进行比较，可以将客户细分为8类，如表2-3所列（"↑"表示大于均值，"↓"表示小于均值）。

表2-3 根据RFM模型对客户分类

Recency	Frequency	Monetary	客户类型
↑	↑	↑	重要价值客户
↑	↓	↑	重要发展客户
↓	↑	↑	重要保持客户
↓	↓	↑	重要挽留客户
↑	↑	↓	一般价值客户
↑	↓	↓	一般发展客户
↓	↑	↓	一般保持客户
↑	↓	↓	一般挽留客户

需要注意的是，在从数据库中提取相关数据之前，首先需要确定数据的时间跨度，根据网站销售的物品的差异，确定合适的时间跨度。如果是快速消费品，如日用品，可以确定时间跨度为一个季度或者一个月；如果是更替时间相对久的产品，如电子产品，可以确定时间跨度为1年、半年或者1个季度。在确定时间跨度之后就可以提取相应时间区间内的数据。

2.3.2.2 RFM 模型数据的分析

在RFM的运用上，重在对其三项指标进行分析，通过分析来指导决策。然而，很多企业在真正分析时容易走入误区，或过于片面，或不够科学。

因此，在具体分析时需要注意以下事项。

（1）R 数据最难采集，分析难度也较大

R是三项数据中采集难度、分析难度最大的。这是因为R数据两次之间差别往往较大。R代表的是消费时间，而很多客户在购买产品之后，会有较长一段时间的沉淀期。所谓沉淀期就是，客户会在这段时间内对产品进行进一步调研、试用，作出进一步判断，只有在比较满意的情况下，才会有二次或多次购买。

（2）不要过于注重 M 数据

M代表的是消费金额，因此很多企业片面注重M数据，或者仅仅通过M数据就来断定客户价值，这是不科学的。消费金额只是消费行为的一个方面，不能单纯依靠消费金额来判断客户的贡献。

在客户价值评估体系中，金额应该是从属地位，主要分析应

该放在F和R上。从重复消费角度上讲，消费频率和消费时间更重要，决定着客户对企业的贡献。分析客户的行为之后，如果发现客户的这两项数据波动大，那么就应重点关注。勤沟通，多服务，发现客户的问题，实实在在地解决问题，这样才能让客户回心转意。

RFM三个方面是一个整体，不可分割，只考虑其中任一个方面都是片面的。

（3）关于F

F代表着消费频率，与之相关的一个词是回访频率，客户每消费一次后，理论上应该进行一次回访。在回访时应该注意频率和时间间隔，有企业对客户的回访频率进行了研究，最后得出结论。

在客户购买产品的3~7天进行第一次回访，通过打电话或发邮件等方式，让客户感受到企业的尊重和关注。可以询问客户对所购产品的意见或者使用效果，遇到了什么困难。

第二次回访，是在客户购买产品30天之后，回访方式同样是电话、邮件、微信等；回访内容也与第一次类似，包括客户对产品的使用情况，遇到了哪些问题等。不同的是，要加强与客户感情方面的沟通，感情沟通能够促进客户和企业的关系。这也是为企业扩大市场打下基础。

第三次回访是3个月后，这次沟通可以进行交叉销售，旁敲侧击询问客户还有哪方面的需求，激发新的购买需求。从这一次的沟通中，要获取较精准的需求信息，以及是否有重复购买的可能。

2.4 客户价值评估之四象限分类法

对客户有效分类既能够提升工作效率,又能够分清主次,制定合理的服务方案,从而有效提升企业业绩。四象限管理法是绝大多数企业采用的一种客户分类法,在一定程度上对客户价值分析与提升、业绩提升有帮助。

四象限管理法是由横、纵坐标分割出来的4类客户,如图2-6所示,横坐标代表消费意愿,纵坐标代表消费能力。

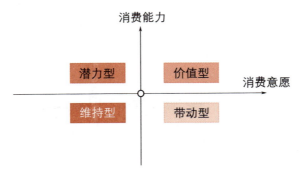

图2-6 四象限管理法模型

通过四象限管理法,企业可以明确客户价值,并根据价值进行客户分类。客户价值包括潜在价值和实际价值,潜在价值可以理解为消费意愿,实际价值可以理解为消费能力。这种以客户消费意愿和消费能力作为两个维度,进行价值的进一步细分。

如果一个客户的消费意愿很高,消费能力也很强,那么这位客户价值就一定是高的,定义为A级客户。如果一个客户的消费能力很高,但是消费意愿却很低,那么客户价值尚可,通常被归为B级客户。如果消费意愿高,消费能力低,被归为C级客户。当客户消费意愿、消费能力都比较低时,则被归为D级客户,具体如表2-4所列。

表2-4　客户类型与价值细分对应表

客户分类	客户类型	价值细分
A	价值型	既有消费能力又有消费意愿
B	潜力型	有消费能力，没有消费意愿
C	带动型	有消费意愿，没有消费能力
D	维持型	没有消费意愿也没消费能力

根据这种方法可以建立客户数据模型，精准地画出客户画像，从而确定客户在企业管理中的位置，达到对客户进行细分管理的目的。

通过四象限管理法对客户进行细分，可以制定出针对性较强的营销策略和服务策略。4类客户的价值不同，企业采取的服务策略也要有所差异。

价值型消费者都是大客户，企业都会服务得很好。维持型客户，需要做好维护工作，做到尽量不让他们不流失。

重点是潜力型和带动型的客户，这些客户因为消费金额不多，所以受重视程度不够，因此需要挖掘出这两类客户的消费潜力，并提升消费动力。

带动型客户对企业和产品还是比较认可的，但受限于消费能力往往显得价值不大。面对这种情况可以给出一些优惠或返利，让他们介绍新客户，间接带来订单。

潜力型客户是重点挖掘对象，毕竟他们有消费能力，是潜力股。针对这种情况企业一方面要用感动式服务，尽力提升他们满意度,赢得他们信任;另一方面还深入挖掘他们的深层次需求,做好销售规划,从而引导客户消费。

2.5 新、老客户价值评估要区别对待

新、老客户对企业而言,有不同的价值,因此在价值评估上应该区别待之,采用不同的方法。各自的方法如下。

2.5.1 新客户价值评估:经济分析法

对新客户价值评估多采用经济分析法,这类方法的评估指标有3个,如图2-7所示。

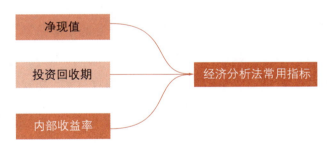

图2-7 经济分析法常用指标

(1)净现值

净现值(NPV)是一种投资决策分析方法,其基本理念是将项目未来预期的现金流按照一定的折现率进行折现,并计算其总和,以此评估项目的经济效益。通过比较净现值的大小,投资者可以判断一个项目是否值得投资。

在实际应用中,净现值法被广泛用于评估客户价值大小中。它

不仅能够考虑客户带来的直接成本和收益，还能够反映带来的间接效益和风险。

值得注意的是，净现值法在应用时需要注意折现率，选择合适的折现率（discount rate）至关重要，直接影响净现值的计算结果。

（2）投资回收期

投资回收期是衡量投资项目从开始投资到收回全部投资所需时间长度的关键财务评价指标。对于投资者和企业决策者来说，这是一个重要的决策参考因素，有助于他们评估投资项目的风险和回报，以及项目的长期盈利潜力。在客户价值评价过程中，通常需要考虑客户投入的初始成本、预期现金流及产品的生命周期。

通过比较这些参数，可以预测客户带来的经济效益。值得注意的是，投资回收期需要结合其他指标如内部收益率、净现值等进行综合评估。这些指标从不同角度反映客户的盈利能力和风险水平，为企业决策者提供更为全面和准确的决策依据。

（3）内部收益率

内部收益率（IRR）是一种投资决策工具，也是评估项目盈利能力的重要指标。同样，它也可以用于评估客户价值。通过合理计算和分析内部收益率，我们能够更好地评估客户的盈利能力，计算出客户在服务周期内所能达到的平均收益率。

然而，需要注意的是，内部收益率并非万能的决策工具。在具体评估时，还需要综合考虑其他因素，如项目的市场前景、竞争环境、技术可行性等。只有在全面了解项目的基础上,才能做出明智的投资决策。

以上3大指标从当前角度对投资效益进行了定量的分析,新客户是否值得争取,还要结合其无形价值及未来长远的潜在价值分析,最终作出决策。

2.5.2　老客户价值评估:指标体系评价法

一些企业只重视新客户价值的获取,而忽略了老客户,追求市场份额,但现在已经有很多企业后悔他们早期的这种盲目追求销售额的策略。老客户有很多优势,与新客户相比,往往能带来更大利润。

例如,客户关系越好,管理成本越低,越愿意推荐新客户。所以评估老客户的价值也不可忽视,通过不断挖掘和提升老客户的价值,来实现企业自身的价值提升。

对老客户价值评估可以采用指标体系评价的方法。不同指标被赋予了不同的分值,以此为基础形成了客户的价值评价指标体系。常用指标如图2-8所示。

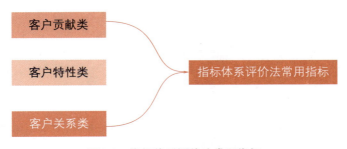

图2-8　指标体系评价法常用指标

（1）客户贡献指标

客户贡献指标是衡量客户当前收入对企业贡献大小的参数。客户对企业的利润贡献反映了其当前直接价值。

客户贡献指标涵盖了多个维度，可以全面反映客户的价值。最常见的有客户销售额、客户利润率、客户资产占用和客户风险等，更多指标如表2-5所列。

表2-5 客户贡献指标类型及其具体内容

指标类型	具体内容
客户销售额	反映客户为企业带来的直接收入，客户销售额越高，对企业的贡献越大
客户利润率	是净利润占销售额的比例，反映客户真实利润。因为有时，尽管客户的销售额很高，但如果利润率很低，那么这样的客户可能并不值得企业投入过多的资源和精力
客户资产占用	指企业在为客户提供服务过程中所占用的资源，包括人力、物力、财力等。一个客户的资产占用越高，意味着企业需要为该客户投入更多的资源
客户风险	是评估客户价值时不可忽视的一个方面。在评估客户价值时，需要对客户的风险进行充分评估，并根据评估结果制定相应的管理措施
客户增长率	反映企业或银行吸引新客户的能力，扩大市场份额和收入来源
客户满意度	反映客户对产品或服务的直接反馈，高满意度有利于口碑传播
客户份额	客户在总业务中的占比，数值提高意味着客户更信任企业，可能增加业务
客户推荐率	反映客户对产品或服务的认可，高推荐率有助于吸引新客户和提升品牌形象

(2) 客户特性指标

客户特性指标是反映客户个性特征和消费行为的参数，旨在预测客户未来的业务需求以及分析业务发展潜力。这些指标包括客户活跃度、购买力、对服务的需求程度和接受程度等。如表2-6所列是常见的客户特性指标。

表2-6 客户特性指标类型及其具体内容

指标类型	具体内容
客户活跃度	评估客户与企业的互动频率和活跃度，包括访问网站、使用产品或服务、参与活动等。高活跃度的客户往往对企业更有价值，因为他们更有可能产生购买行为或推广企业
购买行为	分析客户的购买历史、购买频率、购买金额等，以了解客户的消费习惯和偏好。这有助于企业制定更精准的营销策略，满足客户的个性化需求
客户生命周期	从客户首次接触企业到成为忠诚客户或流失客户的整个过程。分析客户生命周期有助于企业了解客户转化的关键阶段，从而优化客户体验和提高客户留存率
客户忠诚度	通过重复购买率、客户留存率等指标来衡量客户对企业的忠诚程度。忠诚的客户往往更愿意为企业推荐新客户，从而提高企业的市场份额
客户满意度	通过调查问卷、客户反馈等方式收集客户对企业产品或服务的评价，以了解客户满意度水平。高满意度的客户更有可能成为忠诚客户，为企业创造长期价值

(3) 客户关系类指标

客户关系类指标主要体现客户与企业的关系，体现客户的忠诚度。包括客户的转介绍情况、对竞争业务的态度、客户对企业的满意度、客户与企业合作的时长以及业务支出占其总支出的比例等。一般而言，客户与企业的关系越亲密，使用时间会越长，范围越广，频率越高，客户价值越大。

2.6 基于客户价值，建立四位一体的服务体系

任何企业只要卖出产品，都会给客户提供与产品匹配的服务，即使没有达成交易，为更好地揽客，往往也会提供产品以外的服务。企业为客户提供服务，不能看客户的购买行为，而应该基于客户价值，企业应该在客户价值评估的基础上提供相应的服务。

2.6.1 满足基本需求层次的服务

基本服务是企业为客户提供的满足最基本需求的一种服务，在各行各业，客户对服务都有基本需求。比如，在吃饭上，客户的基本需求就是能够"吃饱"。同时，对于企业而言，要求必须能够满足客户的基本需求，这是企业生存与发展的基本保障。正如食客的吃饱需求，作为餐饮企业就需要能够满足，否则一定会出局。

2.6.2 满足期望需求层次的服务

企业要想具有战略上的竞争力，有两种途径：一是低成本，二是差异化。差异化意味着满足客户更高层面的需求。仍以吃饭为例，除了吃饱的基本需求之外，有人还会想要"吃好"，包括良好的就餐环境（无烟环境、冷气或暖气开放等）、服务人员的形象等。

比如，客户到饭馆吃了一碗面条，其"吃饱"的基本需求满足

后，可能会向服务员要一杯水喝，面对这种要求，有的服务员会马上为其提供，有的服务员则会置之不理，让客户长久等待，或是给客户端来一杯滚烫的热水。

对于此种要求，如果服务人员能够满足客户，客户可能不会认为商家的服务有多好；但如果不能满足，客户则会觉得非常失望。这种需求就称为期望需求。

那么，企业如何满足客户的期望需求呢？方法是掌控客户的期望值。由于不同人对同一件事的期望会有不同，企业首先要确认自身服务在行业中的位置，是处于平均标准之上还是标准之下，其次也要学会控制标准。有一种控制标准的方法叫作"腊肠切片法"，意思是满足客户需求时要像腊肠切片一样，一点一点地满足，不要一次性全部提供。这是因为，服务是有成本的，任何企业都不可能无限制地为客户提供服务。

例如，客户决定购买某件衣服之后，一般都会砍价，如果导购爽快地答应客户的打折要求，客户反而会感觉很不好。因为客户提出要求时认定导购无法满足这个需求，被轻易满足就会感觉商品价格虚高。导购的正确做法是一边赞美客户"您的气质非常好，这件衣服非常适合您，我们的衣服都有三包凭证，是大品牌，品质非常好"，一边告诉客户"很抱歉，我们现在没有打折或送礼品的活动"，然后假装问同事"能送这位客户两个手提袋吗"，最终非常努力地为客户申请到手提袋，此时客户自然会喜出望外。

满足期望需求这一层次的服务，关键是要把握客户的心理，控制好服务标准。从心理学上来说，越是难得到的东西，人们就会越加以珍惜。根据这种心理，商家推出了许多营销方式，比如饥饿营销。所以，有句话说得非常好——我们不仅要为客户服务，更重要的是让客户感觉到服务的价值。

2.6.3 满足渴望需求层次的服务

与基本需求、期望需求相比，客户的渴望需求是更高层面的需求。比如，客户花15元买了一碗面条，能够吃饱是基本需求，吃饱后要求喝水和使用餐巾纸是期望需求，希望服务员揉揉肩膀、捶捶腿则是渴望需求。

渴望需求有两个标准：第一，如果服务员不提供，客户也能够接受，不会非常不满意；第二，如果服务者满足了客户的此类要求，客户会感觉非常开心。

当客户产生渴望需求时，即使服务者确实无法满足，也要采用正确的应对之策，即满足客户的情感需求。在服务过程中，服务者必须仔细观察并满足客户的情感需求。

人的情感需求大致有3种，分别为尊贵感、安全感、认同感。

（1）尊贵感

每个人都有尊贵感的需求。例如，被别人记错姓名时，或是在服务时被告知"你先等一下，我这里有一个客户了"，就会觉得自己的尊贵感遭到了挑战。

满足客户的尊贵感需求，需要做到两点：第一，重视，可以体现在记住与客户上一次聊天的内容，如客户孩子的姓名、年龄等；从细节上关注客户的衣食住行，如为客户提供爱吃的水果，为客户提供个性化服务，在客户没有预料时喊出对方的名字等。第二，让客户认为自己可以提供好的解决方案。

（2）安全感

客户在获得服务的过程中，都有安全感的需求。比如，到营业厅交话费时，在营业员输入电话号码之后，大部分人都会不自觉地探着身子想看电脑屏幕；在许多场合，当服务人员反复为客户解释一个简单的问题时，客户总是表示听不明白，其实大多时候客户不是听不明白，而是对服务人员所说的内容表示怀疑；有些人拨打服务中心的电话时，无论事情大小，都会接到人工台，因为他们不信任自动应答系统。这些事例都是人们需要安全感的表现。

某IT企业主要靠呼出业务的方式获得客户，呼出业务工作人员都有各自的编号，在录音中，许多客户都会询问工作人员"您贵姓"，此时工作人员的回答总是"没关系，您打过来电话，我们所有客服人员都会为您提供良好的服务"。殊不知，这样的回答完全是在挑战客户的安全感：找谁都行，也就意味着找谁都不行，谁都不负责。

所以，服务者要为客户提供一对一的贴身服务，为其留下固定电话和手机等详细的联系方式，这样才能体现出客户所需的安全感。

（3）认同感

现代教育有一个观点，叫作"好孩子是夸出来的"，这与传统教育中"棍棒底下出孝子"的观念截然相反，其中反映的就是人性中对得到认同的渴望。

服务者要想得到客户的认同，首先要认同客户。因此，服务者在与客户沟通时，应当认识到客户对认同的需要，当客户投诉或提出一些要求时，第一句话一定要说"是的"或者"好的"，表现出愿意倾听的姿态，让客户在心理上得到满足。

2.6.4 满足"意料之外"需求层次的服务

"意料之外"的需求是一种更高级别的客户服务，根据客户的偏好和需求，提供个性化的定制服务，例如定制产品、个性化推荐等。

在吃饭时，"吃饱"是基本需求，"喝水"是期望需求，"捶背"是渴望需求，这些都是客户能够想到的，如海底捞为客户合唱《童年》则满足了客户意料之外的需求。

提供"意料之外"的服务有两种方式。一种是物质方式，比如降价、返券等。这种方式采用几次过后，客户就会将其变为期望需求或渴望需求，一旦得不到满足，就会很不满意。所以，满足客户"意料之外"的需求时，要采用另一种方式——用心，即标准化与人性化相结合。

【案例2-4】

一位女士打电话叫外卖，点了一份比萨，比萨店承诺25分钟内送到，女士留下家庭地址后问了一句："你们这里有没有咸菜？"接线员回答："不好意思，我们这里有鸡翅和沙拉，但是没有咸菜。"

第 2 章
评估客户价值：为客户提供个性化服务的重要前提

这位女士说："那就算了。"20分钟之后，比萨送到了女士的家中，送餐的小伙子把比萨递给女士后，又从包里拿出了两包榨菜。女士很惊讶地问："你们店里不是没有咸菜吗？"

小伙子笑着说："我刚才听您在电话里说想要咸菜，看到您楼下有一个超市，就顺便买了两包。"女士听完非常感动，觉得这家店的服务非常好，成了这家店的老客户。

过了一阵子，这位女士又打电话点了一份比萨。这时是夏天，天气非常热，送餐的小伙子骑车到半路，车子突然坏了，他赶紧打电话给女士解释这件事情，说可能要晚一些送到。电话中，小伙子听出女士的态度有些不好，灵机一动说："您记得吗，我曾经给您送过两包咸菜。"女士一听，态度马上缓和下来了，还告诉小伙子不要急，路上小心点。

40分钟过后，小伙子把比萨送到女士家中。小伙子出了一身汗，女士马上端出一杯水让小伙子喝。

在这个案例中，比萨店和送餐员出现了工作失误，最后却得到了客户的谅解，原因就在于通过之前的服务与客户建立了感情。由此可见，要想给客户带来感动，关键在于用心实现标准化后，仍旧需要用心去做。

第3章

客户细分：

为客户提供个性化服务的基础条件

第 3 章
客户细分：为客户提供个性化服务的基础条件

案例导读

喜茶是一款茶饮品牌，据2022年喜茶年度报告《喜茶这十年》显示，截至2022年底，喜茶已在37个城市开出新店，分店进驻全球83个城市，新增会员1300万人，总量达到6300万人。喜茶之所以如此受欢迎，与其对客户的需求细分工作做得好有莫大的关系，能够根据客户细分制定精准的产品供应和服务。

比如，在刚成立的3年里，他们对目标客户进行了细分，尽管范围很有限，但的确抓住了一部分人的需求。这份画像从多个维度进行描述，如性别、地域、收入、消费偏好、客单价等，甚至连下单时间也做了分析。如图3-1所示为喜茶早期的一份用户需求细分图。

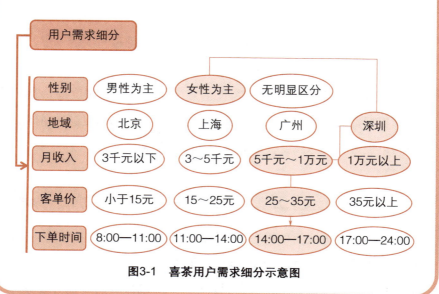

图3-1 喜茶用户需求细分示意图

> 喜茶前100家分店都做的是标准店，标准店主要用以满足大众需求。后来又开了Go店、Lab店等。这两类店针对的消费人群是不一样的，Go店主要开在CBD商务区和高端写字楼、高铁站、飞机场。消费对象是白领、出行的旅客和商务人士。这种店只能使用专门的小程序点餐，门店不会太大，仅供取餐，便于客户即拿即走，大大节省了用餐时间。Lab店也叫概念店，多开在大商场内，是一种体验店，单店规模比标准店要大，投入也比较多，主要用以满足年轻群体消费体验和社交需求。
>
> 另外，喜茶还有一个副品牌：喜小茶，也是客户细分的结果，主打下沉市场。如果说喜茶产品线主要针对一线城市、新一线、二线城市消费者，喜小茶则针对三、四、五线城市。

对客户进行分层管理，是对客户精细化管理很重要的一步，对于不同层级的客户进行精细化管理。精细化客户管理，指的是企业以精细化的管理方式，通过客户全方位的分析及忠诚度的量化，从而更好地满足客户需求，为客户提供更有价值的和更高质量的服务，以提升客户忠诚度，形成持续性的客户关系。

3.1 客户细分的概念和类型

传统服务方式简单粗暴，对待所有客户都是千篇一律的。一样的服务频率、一样的服务内容，效果不仅差，客户体验也非常不好。所谓"工欲善其事，必先利其器"。好的服务需要找对服务对象,抓住合适的时机,推送精准的内容。因此,在服务前要有针对性地进行分析,下面从客户细分的角度进行说明。

3.1.1 客户细分的概念

客户细分(customer segmentation),也叫消费者细分、消费者区隔等,是20世纪50年代中期美国学者温德尔·史密斯提出的,理论依据是消费者需求的异质性和企业竞争优势异质性。

(1)消费者需求的异质性

消费者需求的异质性,简单理解就是消费者的消费偏好是存在差异的,不同消费者消费相同的产品,所获得收益是不同的。

随着消费者需求异质性的日益凸显,消费者的需求呈现出个性化、多元化和波动性的特点。这就要求企业需要在有限的资源下持续满足消费者需求,实现利用有限资源持续满足消费需求,实现有效供给。

异质性消费者需求对产品开发与销售有很深的影响,现在很多企业已经意识到这个问题。正积极从消费者的角度寻找需求识别、满足的方法。

(2)企业竞争优势异质性

企业竞争优势异质性,是指一个企业除了拥有绝对优势之外,还有一部分相对优势。这部分优势是针对消费者需求而言的,只有在某些特定需求中,这些优势才能凸显出来,进一步满足消费者。

从这个角度来看,企业竞争优势异质性与消费者需求异质性有着密切相关的关系，它们之间相互依存。

客户细分就是在上述两个异质性背景下，企业根据客户的属性，如心理、行为及价值等因素对客户的一种分类。同时，据此提供有针对性的产品、销售模式和服务。

3.1.2 客户细分的类型

从客户需求角度看，不同类型的客户有不同的需求，要想让所有客户感到满意，企业需要对客户群体进行细分，按照不同标准划分不同类型的客户。

【案例3-1】

某企业的产品有15L、10L两种型号的电烤箱，起初，不分主次一起投入市场。后来发现，北方市场的销量明显高于南方，且以15L的为主。经过调查研究，厂家找到了症结所在，这是源于南北方人的生活习惯差异。

南方人生活习惯与北方人有很大的不同，北方人使用电烤箱主要用来烤肉、鸡翅、猪排等，所以大空间烤箱比较畅销；而南方则用来制作饼干、蛋糕等，更喜欢小空间的，这说明南方销售的电烤箱更适合10L的。

基于这种认识，厂家对产品在市场的结构重新做了调整，将10L的电烤箱集中投入南方市场，并针对南方消费者的特点额外赠送蛋糕模具。结果，电烤箱在南方的零售量也获得了大幅增长。

上述案例就是因重视客户细分，而获得市场转机的典型。进一步分析会发现，该商家是根据消费者地域进行客户细分的。

根据地域对消费者进行细分，是非常重要的一种细分方法，除此之外还有消费者属性、心理、定位等。在客户细分上最常用的有4种标准，如图3-2所示。

图3-2　客户细分的4种标准

（1）区域市场

按照区域市场划分，主要是按照消费者所处位置进行划分。比如，国家、城市、密度、地方特色等。由于每个区域的经济发展状况、人均收入不一样，消费水准也就不一样。

假如企业以一线城市消费水准制定产品价格，然后用在三线城市，该产品很可能会无人问津。还有地方特色问题，每个地方都有它的特色，假如你经营的是饮品小吃就应该符合当地人的口味，有的地方喜甜，有的地方喜辣，如果不注意差异化很难打开市场。

(2) 客户属性

人的特性莫过于年龄、性别、职业、收入、社会地位、家庭角色、宗教信仰以及受教育程度等。这是常用的区分标准之一，是一种非常简单的方法，能帮助企业准确地锁定目标客户群。

(3) 客户心理

从某种程度来说，人的心理受内外部因素的影响会出现波动，把握起来不太容易。可能因为一点小事就会改变原意。所以在进行产品营销和服务的时候，把握客户的心理状态很重要。

(4) 客户定位

客户细分最需要搞清楚客户定位，客户定位又是客户细分最重要的内容之一，只有正确的客户定位，才有正确的产品定位，从而制定合理的价格定位。

通过以上这些标准将客户细分开来，根据不同的目标消费群体来制定不同的营销策略，以及产品规划，才更容易取得成功。

3.2 根据区域市场细分

因为各地区之间地理、文化、政治、语言、风俗、宗教的不同，消费者（或称客户群）也表现出很大的差异性。为此，企业需要正视各地区的差异性，实事求是，因地制宜，有针对性地制定出符合区域化特点的经营战略和营销推广策略。

3.2.1 区域市场形成的影响因素

影响区域市场形成的因素很多，但最基本的有4个，如图3-3所

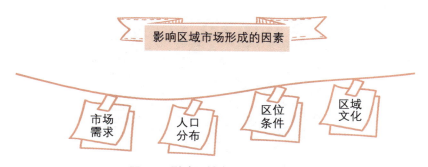

图3-3 影响区域市场形成的因素

示,它们是任何区域市场形成的共同影响因素。

(1) 市场需求

在市场经济条件下,产品的生产、供给和买卖都需要通过市场来实现。市场需求是区域市场形成的动力,任何市场的形成都需要考虑一定市场范围内对某种产品的需求量大小。

市场需求容量是产业发展的前提条件。随着经济发展以及与区域经济交往的扩大,市场需求呈上升趋势,在市场需求的刺激下,不仅会出现新的产业,相关产业的发展也会加快,规模也会扩大,从而带动区域市场的发展。

(2) 人口分布

影响区域市场形成的最大因素是人口分布,从整体来看人口越多的地区,消费能力相对就强。比如,我国人口分布向来是东部稠密、西部稀少,消费水平也是这样的,东强西弱。

根据2021年5月11日公布的"第七次全国人口普查数据"结果显示,我国东、西部人口占比差距仍比较大,具体数据如图3-4所

图3-4　2021年人口地区分布

示,消费水平也基本与东强西弱的态势一致。

(3)区位条件

区位一般由地理位置、交通条件、信息条件等相互作用而形成,是区域市场形成的最主要因素之一。地理位置优越、交通条件好、信息便捷,经济发展水平较高,消费水平也较高;反之,地理位置偏僻、交通不便、信息闭塞就会制约大众的消费能力。

优越的区位条件可以替代资源条件的不足。因此,在区位条件好、自然资源条件也好的区域经济投资,可以收到发展快、经济效益高的效果,有利于产业的发展。但在资源条件不是十分有利的区域经济中,只要区位条件优越,同样蕴藏着巨大的发展潜力,优越的区位条件可以替代资源不足的缺陷而使区域经济很快得发展起来。

(4)区域文化

区域市场的形成还与区域文化有关,文化的相似性深深影响着消费市场的形成。我们都知道,文化是需要长时间沉淀的,受经济因素和政策变动影响很小，消费文化特征的差异是长期的。因此，分析区域市场文化对客户类型的影响很有必要，而且短期内不会出现变化。

同一区域内的客户具有相似的消费心理、行为和价值观。具有代表性的有东北三省，华南的两广、海南，西南的云贵川，华东的江浙沪等，这些地区的文化很相似。

3.2.2 区域市场下的客户分类模型

广东人重吃，北京人重购车，上海人重穿，长沙人重娱乐，成都人重休闲……为什么会有区别，原因就是不同的区域市场形成不同的消费类型。

在区域市场消费上，有一个著名的TOFA模型，该模型是L.凯纳（L.R.Kahle）等人于1992年提出的，主要研究区域消费差异对消费的影响。

该模型使用空间维度，把市场的主要差异表现做了界定，以解决在众多区域市场消费差异中区分基本类别或典型类别的问题，如图3-5所示。

TOFA模型先确定区域消费差异的基本维度（S和R），然后再

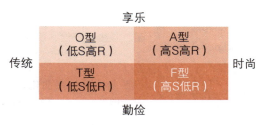

图3-5　TOFA模型

根据维度的自由配比组合成不同的消费类型。

S和R是两个基础维度，分别指时尚指数S（Style）和花钱指数R（Risk）。时尚指数S（Style）衡量时尚与传统之间的区域位置，主导区域消费形态的变化；花钱指数R（Risk）衡量在勤俭与享乐之间的区域位置，主导区域消费的基本风格。两个维度具体表现为高S、低S、高R、低R 4个特征，代表的含义如表3-1所列。

表3-1　TOFA模型基本维度划分代表的含义

特征	含义
高S	追逐新潮，乐于接受外部文化，崇尚品牌，重视品牌的价值，群体影响大
低S	对外部文化谨慎甚至抗拒，崇尚经典与传统价值，注重长远功能
高R	决策快，敢冒消费风险，勇于尝试新品，主张享乐主义，及时行乐
低R	对价格追求性价比，忧虑未来，安全感低，跟随与后动

利用S和R的4个特征，可以将区域消费者划分为4种客户类型，具体如表3-2所列。

表3-2　利用S和R特征对客户的分类

组合形式	客户类型	含义
低S低R	T型：传统型（Traditionalism）	不太接受外来文化，文化上比较封闭，且生活节俭，不喜欢花钱，受传统文化影响重，是传统而节俭的类型
低S高R	O型：享乐型（Optimism）	不太接受外来文化，文化上比较封闭，但敢花钱，消费欲望强烈，是传统却敢花钱的类型

续表

组合形式	客户类型	含义
高S低R	F型：时尚型（Fashion）	容易接受外来文化，敢于尝试新事物，但生活节俭，消费欲望不强，追求时尚而又精于花钱的类型
高S高R	A型：前卫型（Advance）	容易接受外来文化影响，接受新产品的意愿很强，是有追求又敢花钱的类型

需要注意的是，任何一个区域市场，都是4种类型不同比例的混合体，其消费特征以某个主导类型而决定。打个比方，某城市为F型55%+A型15%+O型20%+T型10%，在这种情况下可以判断该市场的消费特征是时尚型。

3.3 根据客户属性细分

根据区域市场对客户进行划分，是宏观上的分类，一般用于产品研发、推广阶段，属于营销工作范畴。根据客户属性和心理划分，是微观上的分类，一般用于产品销售阶段，属于销售工作范畴。

根据客户属性进行分类，是销售中对客户分类的一种常见方法。正确而科学的分类，对挖掘、识别，并最终满足客户需求有重要的作用。客户的属性包含多个层面，大致分为内部属性和外部属性。

内部属性包括性别、年龄、性格等。外部属性包括客户购买力、受教育程度等。一般来讲，内部属性对消费的影响较大，外部属性影响很小。所以，在研究客户属性上主要以内部属性为主，外部属性为辅。

接下来,将对如图3-6所示的客户5个内、外部重点属性进行分析。

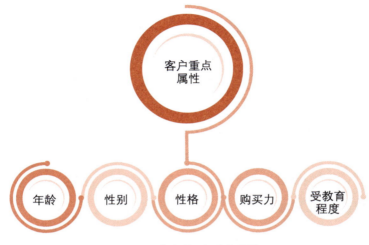

图3-6 客户的5大重点属性

3.3.1 根据客户年龄划分

在消费市场中,年龄是一个非常重要的因素,它对消费行为的影响非常大。不同年龄段的消费者会有不同的购买偏好和购买行为。比如,年轻人更注重时尚、品牌、个性化等因素;老年人更注重保健、养生等方面。这直接影响了市场营销策略的制定和产品销售的效果。

年龄对消费行为的影响主要体现在消费生理、消费心理两个层面。

第一,对消费生理的影响。

随着年龄的增长,人的生理需求会发生变化。不同年龄段的人对产品的需求是不同的,这也形成了购买行为的差异。例如,年轻人更愿意购买时尚、潮流的服饰和电子产品；而老年人更愿意购买保健品和医疗器械。因此，在制定市场营销策略时，企业需要充分考虑到不同年龄段的人的生理需求，以确定合适的产品定位和宣传方式。

第二，对消费心理的影响。

年龄对消费者心理的影响也很大，年轻人更加追求个性化和自由；而老年人则更加稳重和成熟。由于这些心理因素的影响，不同年龄段的人对商品的需求和购买行为也不同。

例如，年轻人更愿意购买新颖、有创意的商品，而老年人则更愿意购买符合传统价值观的商品。因此，企业在进行市场营销时，应该根据不同年龄段的消费者的心理特点，制定有针对性的宣传策略，以提高销售效果。

如果对消费者的年龄段进行划分，大致可以分为4个消费市场，如图3-7所示。

儿童消费市场　　青少年消费市场　　中年消费市场　　老年消费市场

图3-7　按照消费者年龄段划分市场

（1）儿童消费市场

儿童一般指14岁以下的人，作为一个特定的消费群体有许多特殊性。儿童虽然没有独立的消费能力，但其消费意识出奇惊人。一些资料显示，儿童了解相关信息（如产品及品牌）与消费的能力不输成人，而且还会根据自己对产品的使用状况向其他孩子转述产品的一些正面或负面的信息。儿童在家庭决策中也常常起着重要的作用，一旦对产品动了心，父母（或其他成年人）也经常会听从于儿童的要求。

有带儿童购物经历的人都知道，儿童经常对他们感兴趣的食品、玩具之类的产品发表意见，这些意见很大程度上影响着最终的购买决定。一款产品如果能激发孩子的购买兴趣，那基本上就可以成功推销出去了。

【案例3-2】

一对夫妇带着5岁女儿走进店内，销售人员刘明在简短寒暄后，便向夫妇系统地介绍一款儿童营养品，全新的理念、各项指标功能等。在夫妇翻阅资料的同时，刘明注意到正在一旁画画的客户女儿小萱萱，他走向前，提出想看看小萱萱的作品。

小萱萱高兴地拿出画来展示，刘明则一边欣赏一边夸奖画得好。同时，拿出了一个精美的小铁盒，让萱萱品尝营养品。当萱萱嚼得津津有味时，刘明又取出一些同龄小朋友照片，让她叫爸爸妈妈一起看。

照片中的孩子都是刘明的小客户，照片的背面附有他们服用产品前后，一年期间指标对照。夫妇认真对比数据，刘明还不失时机地问萱萱，是否想和照片中的小朋友一样？

经过一段时间的聊天，小女孩萱萱明显对产品满意，尽管夫妇两人没有当时作出购买决定，但第二天便打来电话，决定购买该产品。显然，这个过程是5岁女儿萱萱"促成"的。

"儿童"是特殊的消费群体，由于没有太成熟的辨别能力，在对产品的认知中，只对包装、口味有意识，对品质、价格则不是特别敏感。也就是说，他们往往倾向于选择包装精美的产品。

刘明就很好地把握住了孩子的购买特点，他从孩子感兴趣的事情"画画"入手，通过对画的赞美，激发其聊天欲望。然后，不失时机地让其品尝产品，同时，呈现相当有吸引力的支持材料——同龄小朋友的照片，吸引了萱萱的注意力，并婉转地表达了对产品使用的期待和效果。最后，他巧妙地引入了社会比较，激发了萱萱和父母的好奇心。

（2）青少年消费市场

青少年是介于14～28岁之间的人群，这个人群最富有好奇心、创造性，追求独立性和归属感。在消费上也明显带有这种特点，能消费，敢消费，会消费。在好奇心的驱使下，喜欢一切新潮的东西，并尝试购买。再加上，经济收入从无到有，逐步呈上升趋势，又有一定的购买力。

当消费动机、购买力同时具备了，消费行为就形成了，这也是为什么该群体被很多企业认为是最有消费潜力的一个群体，最典型的是大学生消费群体。

【案例3-3】

大学生一般在18～26岁之间，是一个非常有消费潜力的群体，除了在学费、书籍以及伙食上的开支外，还热衷于选择他们所必需的生活用品、文体娱乐和衣饰等商品。据统计，受过大学教育的人消费能力是非受过大学教育人群的2倍。

大学生不但消费能力强，还最容易形成对品牌的忠诚度、归属感。这是因为大学生可以说是首次完全独立的、以成人身份进行购买决策，之前是父母代买，或者父母主导，上大学后买什么、如何买都是自己做主。在这个过程中，他们开始有了品牌意识，但又对某一品牌尚未建立特殊的偏好。以洗发水为例，14~18岁消费者在选购时最容易受广告和促销的影响，而19~26岁消费者最容易受品牌的影响，而且十分看重品牌知名度。

所以，大学生是最容易建立起对产品和品牌喜好的，对于企业而言，这时争取到这一群体对产品和品牌的忠诚度，要比以后改变品牌偏好容易得多。

青少年这一群体的消费潜力虽然很大，但不可盲目开发。毕竟这一群体的神经系统尚未完全发育成熟，加上阅历有限，个性也不完全定型，情感在消费行为中所起的作用往往比理智更占上风，容易形成冲动性消费。例如，许多时候产品的款式、颜色、形状、包装等外在因素往往是决定性要素，从而忽视了产品的质量、功能等内在因素。

因此，企业在针对青少年进行推销时，需要特别注意对待他们的态度，要根据他们凡事都充满好奇的特点，突出自己产品的独特性，满足他们追求标新立异的心理。当然，在条件允许的情况下，给予他们更多的产品支持信息（如媒体的支持、同伴群体的支持等），会大大增加他们对产品的信任度。

（3）中年消费市场

中年消费者不但在所有消费年龄群体中人数最为庞大，而且在家庭消费活动中占据着举足轻重的地位，因而，他们应该成为最重要的营销对象之一。这一群体最大的消费特点是理性。

这是因为中年人不再像青年人那样追求时尚，生活的重担、经济收入的压力使他们越来越实际，买一件实实在在的商品成为多数中年人的购买决策心理和行为。他们关注更多的可能是产品结构是否合理，使用是否方便，是否经久耐用、省时省力。

鉴于此，中年人形成了3个非常明显的消费特点，如图3-8所示。

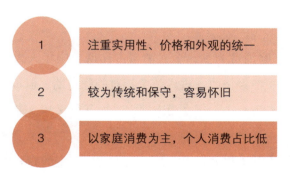

图3-8　中年群体的消费特点

① 注重实用性、价格和外观的统一。丰富的社会经验和较重的家庭经济生活压力，使得中年人在消费购物时更加理性。他们往往非常注重商品的内在信息（质量、用途和功效等）、性价比的优势以及简洁大方的外观和包装。

② 较为传统和保守，容易怀旧。中年消费者由于经过生活的体验和锻炼，对生活的激情和渴望不像青年人那样丰富和冲动，因此，在消费时比较传统和保守。基于此，企业在针对这类消费者时，应当提供足够的参照群体信息，足够的示范，打消他们所谓的不符合身份、不符合形象要求的顾虑。很多产品广告，站在普通大众的视角现身说法，就是出于这方面的考虑。

中年消费者消费上还有一大特点，即怀旧，如果所提供的有关产品的信息能够唤起甚至满足他们的某些怀旧情绪，那是再好不过了。但需要注意的是，并不是每一位中年消费者都有较强的怀旧情绪，随年龄的增长也会重新产生对新产品的渴望。美国著名的牛仔裤生产商李维斯（Levi's）公司正是注意到了这种变化，为中年人重新设计了适合他们的新款式"Dockers"，从而重新赢回了许多客户。

③ 以家庭消费为主，个人消费占比低。中年人大多数已经组建了家庭，虽然经济收入进入一个相对的稳定期，但负担较重，压力大，上有老下有小，子女尚未独立，而父母又步入老年行列。

因此，中年消费者普遍成为家庭商品购买的决策者和实施者，直接用于个人的支出并不多，消费时表现出一定的自我压抑倾向。

（4）老年消费市场

60岁以上的消费者被称为老年消费者，随着老龄化速度的加快，老年人可支配收入的增长，老年消费者也成为一个不可忽视的消费群体。

老年人的消费特点有如图3-9所示的4个。

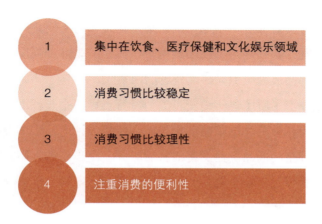

图3-9 老年人消费特点

① 集中在饮食、医疗保健和文化娱乐领域。老年人的消费领域往往比较窄,主要集中在饮食、影视、医疗、保健、娱乐等方面。老年人由于生理机能下滑,非常关注自己的健康问题,对延年益寿理念的认同也正是基于老年人的这种消费心态。

② 消费习惯比较稳定。老年人对产品、品牌忠诚度非常高,一个产品或品牌如果能得到他们的认可,他们会坚持不懈"支持",有时表现出一种"固执",很难接受其他替代品。这也暴露出老年人消费的一个缺陷,即难以接受新事物和新产品。

③ 消费习惯比较理性。老年消费者最关注的就是产品质量。复旦大学对上海市老年消费者行为所做的调查表明:在质量、价格、实用和品牌等影响老年消费者购买的主要因素中,质量的影响力居于首位,占82.5%。在价廉和物美之间,首选是物美,其次才是价廉。

④ 注重消费的便利性。注重消费的便利性也是老年消费者的

显著消费行为特征。由于老年人生理变化带来的不便,因而无论是在营业时间、购物地点、物品的携带、操作的难度和强度等各方面的便利,都会成为吸引老年消费者的因素。

在大体上了解了老年消费者的消费特点后,企业就可以有针对性地制定出相应具体的策略。比如,在产品设计上,多体现一物多用、功能齐全的商品。注意售前售后服务,由于身体方面的原因,老年消费者更加依赖于商品的售前售后服务,守时和全天候的服务同样具有竞争力。

3.3.2　根据客户性别划分

男人和女人的不同不仅仅体现在生活、事业、爱情上,在消费上也同样体现出他们的消费观、消费心理、消费行为迥异。

站在营销的角度,绝大多数企业在对待男、女性上都有不同的标准,会根据男、女性消费差异进行不同的产品推荐和服务。

(1) 男性的消费特点

男性的消费特点如图3-10所示。

① 动机强。在消费频次上,男性远远低于女性,这源于男性的消费动机强。购买动机的形成往往与自己的消费需求有关。男性的消费需求呈现少而精准的特点,比如,张三想买一个某品牌的剃

图3-10　男性消费特点

须刀，他心理就很明确，会直接奔目标而去，很少受其他外在因素的影响。

② 决策快。男性消费时能够更冷静地权衡各种利弊，围绕自己实际需求出发，因此作出购买决定往往也较快。只要动机形成了，就能立即变成购买行为，即使金额较大，也能够果断而迅速地进行决策。

③ 消费理智。男性在消费中的心理变化没有女性那么感性，感情起伏不大。所以，当动机形成后，稳定性较好，购买行为也比较有规律。男性在购买某些产品上与女性的明显区别，就是决策过程不易受感情支配。

如购买汽车，男性主要考虑产品的性能、质量、品牌、使用效果，转售价值和保修期限。如果上述条件符合他的要求，就会作出购买决策。而女性则从感性出发，对车子的外观式样、颜色严加挑剔，并以此形成自己对产品的好恶。

④ 重实用。男性多注重产品实用性。在购买时多为理性购买，以满足自己的需要为标准，不太看重产品外观是否花哨，追求简单明快的风格，注重产品的使用效果及整体质量。

⑤ 重品质。男性多具有强烈的好胜心理，购物时十分注重产品的档次和品位。

总而言之，男性在消费上是理智的，以较为理智的心态指导购买行为，大多数会经过一番认真思考，产生明确的购买欲望和购买动机。

（2）**女性的消费特点**

女性消费特点如图3-11所示。

图3-11 女性的消费特点

① 具有较强的随机性。女性较多地进行消费的原因是多方面的。有的是迫于客观需要，如家庭需要；有的则是为满足自己需要；有的则把购物作为一种乐趣或消遣等，所以购买动机具有较强的随机性。也时常体现在购买具体产品上，如原打算购买某种产品，但商店无货，这时男客户往往放弃购买，而女客户会寻找其他适合的替代品，完成购买。

② 具有浓厚情感色彩。女性心理特征之一是感情丰富、细腻，心境变化剧烈，富于幻想、联想，因此购买动机带有强烈的情感色彩。如看到某种产品能够使儿童聪明活泼，马上会联想到自己的孩子要是这样会多么可爱，从而引起积极的心理活动，产生喜欢、偏爱等情感，促发购买动机。

③ 易受外界因素影响。女性购买动机波动较大，这是因为女性心理易受各种外界因素的影响，如产品广告宣传、购买现场的状况、销售人员的服务和其他客户的意见等。例如，一些企业为了招揽客户，用醒目大字标明减价产品、促销产品等，这些往往对女性具有很强的吸引力。

3.3.3　根据客户性格划分

性格是人的一种个性化心理特征，是各种心理特征的核心。气质反映客户的活动方式，能力反映客户的活动效率，而性格则决定客户活动的内容和方向，性格会直接决定最终的消费选择。

如果想提高产品销量，需要对客户性格类型有所了解，并据此逐步建立产品的调性和个性。客户性格类型，可以从消费态度和消费方式上加以划分，消费态度、消费方式又各分为三类，如图3-12所示。

图3-12　客户性格分类

3.3.3.1 消费态度

（1）犹豫型

犹豫型客户往往比较吝啬，这类客户不会因为稳定、因为信任、因为关系而选择一个固定的供应商。他们会首先比较价格，然后再要求质量。

这个时候，作为销售人员千万不要一味地推荐产品或劝说让其购买。如果继续讲解产品反而效果不好，因为他们对产品已经足够了解，难的是最后的抉择。犹豫型客户有"选择困难症"，而且并不享受这个过程。这时，他们的心情是极为郁闷的，正确做法是给足空间，鼓励他们自己做决定。

犹豫型客户最难的还是过自己的心理关，一旦他们自己想通了，所有屏障不攻自破。因此，有必要了解一下犹豫型客户的心理。

① 自我意识强。自我意识很强的人喜欢自己做决定，他们认为既然是自己花钱，那么就应该由自己做决定。而也正是这种较强的自我意识，又会陷入选择困难的泥潭。

② 不喜欢被人说服。这种心理是犹豫型客户最突出的另一个心理，尤其是在经过深思熟虑和长时间思考后，认为自己的想法是没有问题时，这些心理越强烈，越抗拒被人说服。

③ 不想让别人知道自己的内心。犹豫型客户常常陷入沉思中，而且不善于与人诉说，这是因为他们不想让更多人知道自己的心思。同时，这也是一个抉择的过程，也许他们心里正在经历激烈的思想斗争，也许已经有了自己的决定。

鉴于犹豫型客户的这三种心理，在面对这类客户时要明确一点，他们不是做不了决定，或者不善于做决定。恰恰相反，是喜欢自己做决定，只不过需要更多的佐证支撑。比如，在推销时，话少一些，观察多一些，行动勤一些，找到症结所在，提供有利于他们做决定的证据和数据，让他们自己做决定。

（2）节约型

节约型客户对每一分钱都要精打细算，希望花得物有所值。这类客户十分在乎产品价格和产品的实用性，在消费时常常有以下几种表现。

① 十分在乎物有所值。这类型客户表面上看十分在乎价格，在购买前货比三家，进行多次对比，深思熟虑才决定是否购买。其

实，他们更在乎的是价值。换句话说，就是价格与价值要高度一致。产品价格无论高还是低，要求能真正体现其价值，他们推崇一分价钱一分货，产品需要符合其心中的预期。

② 对附加服务要求高。这类客户对产品附加价值要求也非常高。因为他们坚定地认为，只要付出了钱就必须得到足够的利益，不仅要得到产品自身的利益，还有额外的价值和服务。比如，企业信誉度、品牌知名度、售后服务等。如果在这些基础上再能获得赠品或者优惠，那么对产品会更加满意。

对节约型的客户，要先掌握对方的心理。

第一步，把自己打造成与对方一样节俭，甚至更加节俭。

节约型的客户认可自己生活节俭的态度，同时不喜欢对生活不节约的人。道不同不相为谋，要想突破这一部分人的防线就得让对方感受到你们是一路人。这就要求，产品要突出耐用性、实用性和高性价比。

在这个基础上，可以做一些实际行动，如赠品，赠品也可以选择实用一些的东西，越实用，他们感觉你越真诚。

第二步，做数字对比。

节约型客户归根结底就是想尽量少花自己手里的钱，他们最看重的是价格。这就需要一定的推销技巧，销售人员要进行好的引导，善于运用数字，弱化他们对价格的敏感性。

比如，价格对比，自家产品在价格上比别的价格要低，或者虽然价格高，但使用时间是别家产品的两倍，或者可以分期付款，而且利息低等。

（3）关系型

关系型客户是"先有朋友后有业务"的典型，针对这样的客户要把握好朋友和客户之间的一个度。否则，就很容易朋友关系搞砸了，业务还做不好，尤其在服务行业，朋友介绍朋友，朋友需要帮忙等时常会出现。

对于这种客户一定要将情感和工作分清楚。比如，这类客户认为"钱"是万能的，他可能会私下塞红包，对此，不该收钱的千万不能收。再比如，这类客户爱找人"帮忙"，喜欢占便宜，对此，帮忙归帮忙，但一定要与工作分开，小单子可以帮忙做，大单子需要花费一定成本费用，要么委婉拒绝，要么事先谈好后按正规方式操作。

3.3.3.2 消费方式

（1）理智型

理智型客户考虑问题比较理智，做事情有原则、有规律，不会因为与企业关系的好坏，作出合作或不合作的决定，更不会因为个人感情色彩做决定。这类客户大部分人比较细心，有责任心，他们在选择产品之前都会做充分比较，作出最佳选择。

对于这样的客户不可以强行公关、送礼等。最好、最有效的方式就是坦诚、直率交流，不刻意隐瞒，也不夸大其词，该怎么样就怎么样，把企业的特长、产品的优势劣势等直观展现出来。如果需要给出承诺，能做到的一定承诺，承诺的一定要做到，避免含糊其词。

（2）情感型

情感型客户是感性客户，与理智型的正好相对，他们做决定不会经过深层次的考虑和多方比较，多处于感性层面。

这类客户虽然做决定比较爽快，但内心对产品价格、质量、服务要求往往是比较高的，尤其价格最为关注。所以，对这样的客户要将价格作为突破口，首先要在价格上给予适当满足，然后再根据各种价格战略、客户认知度定位，让客户感觉产品性价比最高。

这样的客户既要在价格上给予适当满足，也要在关系上保持良好的沟通，满足其情感需求。所以，要经常回访，经常交流，经常问候，给予恰当服务及关心，恰到好处地对某种能力给予欣赏，对某种行为进行赞美。

（3）挑剔型

挑剔型客户很挑战销售人员的心态，这类型客户无论购买什么，都要挑出很多毛病。他们不但对产品挑剔，还会对推荐产品的人冷嘲热讽。

这类客户情感控制力较差，服务人员与这类客户沟通，首先要保持足够的冷静，先听后讲，允许客户完整地表达自己的不满与异议。不要轻易打断他们的话，可以在适当时机进行提问，帮助他们更清楚地陈述自己的意见。

下面这位服务人员就有极大耐心，并且以恭维的话语讨得了客户的欢心。

【案例3-4】

一位客户做完头发，在服务人员热情的介绍下，看中了一瓶染后洗发水。

客户:"这是不是假冒伪劣商品呢?"

服务人员:"我们发廊讲求信誉,从来不卖假货,也许您能为我们提供证据,欢迎您和我们一起打假。"

客户:"这瓶洗发水用后是不是头发很干?"

服务人员:"这瓶洗发水含有滋养成分,洗后头发会很飘逸。"

客户:"这瓶洗发水的功效是不是不适合我?"

服务人员:"您想要什么功效的,我们可以推荐适合您的。"

客户:"我更喜欢柔顺点,这样头发更舒服。"

服务人员:"您是我们所见到的最懂头发护理的客户之一,我们公司的首席发型师也有和您一样的看法。"

在现实中,挑剔型客户是最多的,无论性格使然,还是消费习惯问题,大部分人都有"挑刺"的倾向。因此,企业需要多掌握一些应对这类倾向的方法,以在与客户谈判中游刃有余,避免陷于被动。常用引导方法有如表3-3所列的几种。

表3-3　针对挑剔型客户常用的引导方法

方法	详细解释
顺应式	将客户的拒绝理由当作回答,突出产品价值,让其意识到自己需要眼前的产品。如当客户提出"价格太贵"时,可以回答:"是啊,的确很贵,不过名牌产品贵有贵的道理……"
转折式	先对客户意见给予肯定,再陈述自己的观点。这种方法是避免直接否定客户的最好方式,与挑剔型客户直接"理论"是大忌,因此千万不要说"不是的""你说得不对"等语言

续表

方法	详细解释
转换式	是指采用产品的其他优势或有利证据，转移客户注意力，使其自动自觉地不再坚持反对意见
否定引导式	先对客户的言行举止予以否定，排除客户的错误认识，使其朝正确的认识转变。需要注意的是，前面我们提到不要轻易否定挑剔型客户，所以，这里否定有一个前提，那就是客户对企业或产品有实质性的认知错误或态度非常不友好
拖延式	这种方法适用于不断被客户打断，或者提出一些刁钻古怪问题的情况。这时服务人员不必一定要顺着客户的思路回答，可以采用拖延术，"如果您不介意的话，我过一会儿回答您"，然后继续介绍产品。有时候，客户心中的疑虑就在进一步介绍中逐渐化解了
抢先式	在客户挑剔之前尽量把问题彻底解决掉，让其无刺可挑，然后再引导其朝目标（成交）前进。不过，这个很难做到，这需要对客户特别了解，特别适用于有多次良好合作基础的老客户、大客户

3.3.4 根据客户受教育程度划分

随着消费者受教育程度的提高，受教育差距的缩小，及消费意识的转变，受教育程度对消费的影响越来越小。研究发现，受教育程度与消费行为之间并不存在直接相关关系。而且受教育程度对消费行为的影响，通常也不是直接影响的，而是间接的。受教育程度越高，只能说消费意识更强，消费结构更合理，由收入高而带来的消费水平偏高。具体表现在如表3-4所列的4个方面。

表3-4 受教育程度对消费行为影响的体现

表现	主要内容
消费意识	受过良好教育的人通常更善于理财规划，注重投资和储蓄，更愿意为提高自身品质的事物买单
消费水平	受过良好教育的人通常能够拥有更好的职业机会，并赚取更高的薪资和福利待遇，这进一步提高了他们的消费水平
消费习惯	受过良好教育的人更加注重自己的消费和消费选择的合理性，更注重消费品质和服务体验
消费品位	受过良好教育的人通常追求高品质的生活，比如更注重健康、文化生活和旅游等，这些需要更高的消费水平

一般来讲，受教育程度对收入有一定的影响，它不但表现在劳动付出所得上，还包括资源的使用效率、投资的组合等，即单位时间价值会变高。所以，受教育程度并不能直接增加个人对于某消费品的需求，而是间接地产生一些效应，具体如表3-5所列。

其中，要素替代效应和单位时间目标替代效应可以促进消费，而跨期替代效应则会抑制消费，偶然收入效应对于消费具有不确定性的影响，对时间密集型的活动消费会相对减少，商品密集型活动消费会相对变多。

从需求收入弹性理论来看，受教育程度会对不同商品产生不一样的需求。最为典型的例子就是恩格尔系数。比如，食品是生活必需品，其需求收入弹性小于1，在满足个人需求前提下，收入提升对消费的提升并不显著，而当消费品需求收入弹性大于1时，收入的提升将会显著地促进该商品的消费。

表3-5 受教育程度对消费产生的3种效应的具体含义

效应	含义	举例
要素替代效应	这是一种经济现象，当某种要素价格上涨或者其供给减少时，企业会选择使用其他相对便宜或者更容易获取的要素来替代原有要素，从而降低生产成本和适应市场需求	当某种产品变得稀缺或者价格上涨时，受教育程度高的消费者可以寻找替代品，可能会投入更多的资金，找到新的替代品。这种替代效应可以带动整个消费市场的发展和升级
单位时间目标替代效应	是指在时间约束下，权衡资源和行动选择，以最大化目标的实现。这种效应可以促使个体或者组织更加灵活和高效地应对时间压力，以达到预期的目标	假设一个人计划在一个月内购买一定数量的产品。但在这个过程中遇到了一些问题，导致无法按计划进行。这时，受教育程度高的消费者选择替代方案的余地更大，以保证在有限时间内实现目标
跨期替代效应	是指在不同时间时期间，个体或者组织为了满足需求、实现目标或者适应环境变化，会选择替代方案或者调整行为策略的效应。这种效应反映了个体或者组织在不同时间段内作出决策的灵活性和适应性	以投资为例，对于受教育程度高的投资者来说，可以选择不同时间段内不同投资组合，以平衡风险和回报。在经济繁荣时期，倾向于高风险高回报的资产，在经济衰退时期，则会转向相对稳定和安全的资产

3.3.5 根据客户的购买力划分

购买力是指客户在一定时间内，购买商品和服务的能力。了解客户的购买力对企业非常重要，它有利于企业确定目标市场、制定定价策略和推出配套的产品和服务。不同客户的购买力存有很大差异。因此，在营销中，将客户划分为不同的购买力群体，以便更好地满足他们的需求。

了解客户购买力的重要性不言而喻，关键是如何去科学地评估客户的购买力。如表3-6所列，是一些常用的评估客户购买力的方法。

表3-6 常用的评估客户购买力的方法

评估方法	具体解释
收入调查	通过调查客户的个人或家庭收入水平，可以初步了解他们的购买力范围。个人的经济改善对其消费选择具有重大影响，它很大程度上决定着人们可用于消费的费用、消费态度及借贷能力
消费行为分析	通过分析客户的消费行为和购买历史，可以了解他们的购买能力和偏好
生活方式	从经济学的角度看，一个人的生活方式表明所选择的分配方式及对闲暇时间的安排，一个人对某商品的选择实质上是在声明他是谁，想拥有哪类人的身份。消费者选择一样产品常常与特定的生活方式有很大的联系
购买意向分析	通过调查客户的购买意向和预算，可以更准确地估计他们的购买力
个性与自我观念	自我观念与个性是指个人独特的心理特征，它使个人对环境作出相对一致和持久的反应。可以理解为自我定位，它对消费行为产生影响的一个重要表现是：消费者往往会选择与他们个性及自我定位相吻合的产品
综合评估	综合考虑客户的收入、储蓄、债务和其他经济因素，可以得出更全面的购买力评估

购买力大小与经济大环境有关,包括的影响因素如图3-13所示。

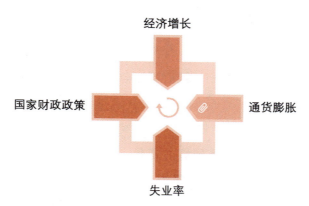

图3-13 影响购买力大小的经济大环境因素

(1)经济增长

经济增长会促进就业和投资,从而提高消费者的购买力。随着经济的增长,人们可能会变得更加乐观,并增加他们的支出,因为他们相信未来有更好的经济前景。

(2)通货膨胀

通货膨胀会导致消费者购买力降低。价格上涨可能意味着消费者不得不花更多的钱购买同样数量的商品和服务,因此他们购买力的变化可能会受到物价的影响。

(3)失业率

失业率高会导致很多人失去了稳定的收入来源,而且这些人很难预测未来是否能够找到工作,这就会影响他们的消费决策。他们可能会削减支出，使得整个市场需求下降，也可能导致商家降价以适应市场需求。

（4）国家财政政策

政府可以通过调整税收、预算和货币政策来影响经济环境。通过这些政策的制定和执行，政府可能会直接或间接地影响消费者购买力。

综上所述，消费者购买力受到经济大环境的影响。因此，企业需要密切关注经济环境的变化，以了解市场趋势，并确定他们的产品、营销和价格策略，以适应市场需求。同时，政府也有责任采取政策措施来促进经济增长，从而提高消费者购买力。

在这个前提下，购买力才与收入水平、消费习惯有关。一般来讲，收入越高购买力越强，所以，评估一个客户的购买力，首先就是去了解他们的收入水平。同时，购买力又是一个相对概念，它不是一种因素决定的，还受职业、经济发展水平、消费习惯等的影响。

因此，根据购买力大小划分客户时，要结合影响因素，关键是将哪种因素作为划分标准。

① 收入水平：将客户的收入水平作为划分标准，可分为低收入、中等收入和高收入。

② 消费习惯：将消费习惯作为划分标准，可分为经济型消费者、中档型消费者和高端型消费者。

③ 地理位置：将地理位置作为划分标准，可分为发达地区消

费者、中等发达地区消费者，欠发达地区消费者等。

④ 社会职业：将社会职业作为划分标准，可分为蓝领工人、白领职员和高级管理者等。

这些划分标准可以根据具体的业务需求进行调整和组合，以更好地了解和满足不同客户的购买力需求。

第4章

保持充分沟通：

挖掘客户需求，形成基于需求的个性化服务

第 4 章
保持充分沟通：挖掘客户需求，形成基于需求的个性化服务

> **案例导读**
>
> 在新一季产品线推出前，某时尚服装品牌实施了一系列全面且系统的措施，以获取目标客群的意见。他们深知，只有深刻洞察消费者需求，方能打造出符合市场预期的产品，进而在竞争激烈的市场脱颖而出。
>
> 首先，品牌方通过多种渠道和形式收集客户意见。除了传统的在线问卷调查，他们还借助社交媒体互动、与时尚博主的合作，以及实体店面的顾客体验反馈等途径，多角度、全方位地了解消费者喜好。这种多元化的调研方法使得品牌能够更加全面、真实地掌握客户需求。
>
> 经过深入的数据分析和研究，品牌方发现年轻消费群体对服装的可持续性、独特性及个性化方面关注度日益提高。他们期望品牌能够展现出对时尚文化的深刻洞察和独特理解，从而在众多竞争对手中独树一帜。
>
> 基于这些关键发现，品牌方对新一季产品的设计理念和风格进行了相应调整。他们加大了与环保组织的合作力度，致力于推出更具可持续性的产品。同时，品牌在推广活动中积极展现了其独特的品牌故事和文化价值，以吸引更多消费者的关注。
>
> 当新一季产品正式推向市场时，由于紧密贴合了消费者的期望和需求，品牌方迅速赢得了市场的广泛认可和热烈追捧。销售额和品牌影响力实现了显著提升，为品牌的长期发展奠定了坚实基础。

这一成功案例充分表明，在品牌建设的初始阶段，积极吸纳并审慎分析客户反馈意见是至关重要的。只有通过深入了解消费者的真实需求和期望，才能制定出更为精准和有效的品牌策略，从而在激烈的市场竞争中脱颖而出。很多企业做不出爆款产品，主要原因之一就是与客户沟通不畅。

4.1 端正沟通态度

态度是指对待沟通过程中的态度、感受和情绪。积极的态度可以促进有效的沟通，而消极的态度则可能导致沟通障碍。通过保持积极的态度，我们可以创造一个良好的沟通氛围，并有效地传达和理解信息。

4.1.1 与客户沟通要"诚"意十足

人与人之所以能深度沟通，全都源于一个"诚"字，你能感受到对方的诚意，对方也能感受到你的诚意。

企业与客户沟通同样需要以"诚"为基础。"诚"的含义很广，如诚信、诚恳、真诚、坦诚等。很多企业处处将利益摆在首位，忽略了客户的服务体验。沟通的态度不同，取得的结果也不一样。

通过以下案例可以看到同一情景下，两个不同服务人员的沟通对比。

【案例4-1】

某客户想买到非常急需的零配件，但目前这个配件已经缺货，

第4章
保持充分沟通：挖掘客户需求，形成基于需求的个性化服务

以下为不同服务员和客户的两种对话。

对话1：

客户："我想今天得到那个小配件/那批货。"

服务人员："对不起，星期二我们就会有这些小配件/这批货。"

客户："我很急，我今天就需要它。"

服务人员："对不起，我们的库存里已经没货了。"

客户："我今天就要它。"

服务人员："我很愿意在星期二为您找一个。"

对话2：

客户："我想今天得到那个小配件/那批货。"

服务人员："对不起，星期二我们才会有这些小配件/这批货，您觉得星期二来得及吗？"

客户："星期二太迟了，那台设备得停工几天。"

服务人员："真对不起，我们的库存里已经没货了，但我可以打电话问一下其他的维修处，麻烦您等一下好吗？"

客户："嗯，没问题。"

服务人员："真不好意思，别的地方也没有了。我去申请一下，安排一个工程师跟您去检查一下那台设备，看看有没有别的解决办法，您认为好吗？"

客户："也好，麻烦你了。"

对于企业而言，与客户诚心诚意沟通很重要，有诚意才能赢得客户的心。现在优秀的企业都在强调这一点，大到战略层面，小到

服务人员的一举一动都要有诚心，讲诚信。那么，在与客户沟通时，企业方面如何最大限度地表现自己的"诚"呢？至少要做好如图4-1所示的5个方面的工作。

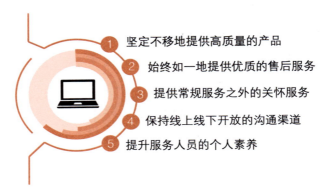

图4-1　企业对客户有诚意的表现

（1）坚定不移地提供高质量的产品

提供高质量的产品不仅能够满足客户的需求，也是企业向客户表达诚意和尊重的一种方式。因此，企业应该将提供高质量的产品视为最基本的责任和义务，并不断努力提升产品品质以满足客户的需求和期望。

（2）始终如一地提供优质的售后服务

优质的售后服务与高质量的产品往往是相配套的，作为企业既要为客户提供高质量的产品，也要提供配套的售后服务。不仅可以提升客户对产品的满意度，还能够激发客户对企业产生信任和忠诚。

（3）提供常规服务之外的关怀服务

在服务的提供上，除了要有常规性服务外，最好再提供一些额外的关怀服务。例如，当与客户成交一笔订单之后，发送一封感谢邮件，送上一份小小的礼物等，以表达诚意，不要轻视这个小小的行为，它可瞬间拉升客户对企业、对产品的满意度、忠诚度。

（4）保持线上线下开放的沟通渠道

与客户沟通最关键的是畅通的沟通渠道，企业要努力健全与客户沟通的渠道，包括线上的，也包括线下的。

线上渠道有社交媒体平台，通过社交媒体平台，企业可以分享、倡导和支持社会公益事业的信息，或者提供对客户生活有用的知识。线下渠道，比如，召开客户座谈会或者邀请客户参观公司等一些面对面沟通，这都十分有助于企业与客户之间关系的建立。

（5）提升服务人员的个人素养

与客户沟通是企业行为，更是个人行为，因为任何沟通最后都要落实到个人（销售人员、服务人员）。因此，对企业而言，提高为客户提供产品或服务相关人员的个人素养十分重要。他们的一言一行直接关系着沟通的质量。

提升服务人员的个人素养，可以从如图4-2所示的3个方面着手。

① 得体的形象。得体的外在形象是对他人的尊重，也是自己内心最好的表达。同样，对于代表企业一方的销售人员或服务人员而言，在与客户沟通之前需要精心准备一番，这样，既能给客户留

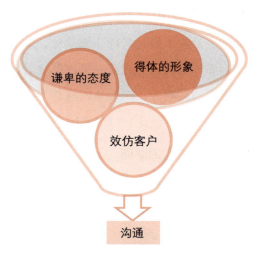

图4-2 提升服务人员的个人素养

下一个好的外在印象,也是对客户的一种尊重和重视。

② 谦卑的态度。形象是外在的,态度是内在的,两者相辅相成,如果没有一个好的态度,形象再完美,也会很快被颠覆。因为诚意是伪装不出来的,需要在内心深处有真正的意愿。谦卑的态度多表现在一些细节上,比如,眼神全神贯注地注视,认真倾听,不轻易打断对方的话,有求必应等。

③ 效仿客户。表达诚意还有一个比较直接的方法就是效仿对方。在与客户沟通时,不妨特意地去效仿对方,哪怕一句话,一个动作都会引起对方的心理认同。效仿客户可以引起客户的感同身受,准确理解客户意图和需求,与客户更好地达成共识,提高客户满意度。

总之,与客户沟通贵在"诚",无论从企业角度,还是个人角度,只有真诚地对待客户,客户才有可能真诚地接纳你。

4.1.2 与客户沟通要保持同理心

如今,在人与人沟通时都在强调一个新名词:同理心(empathy)。同理心的核心是换位思考,是指在与人沟通的过程中,一方站在另一方的立场,体会对方的情绪、想法,理解对方的立场和感受,并作出处理和决策的一种方式。

具备同理心的人,在沟通时主要有如图4-3所示4个特点,换句话说就是,在与客户沟通时要做到以下4点。

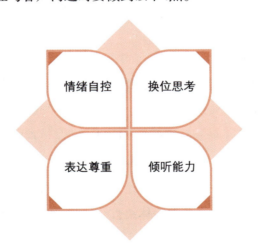

图4-3 同理心的主要体现

(1)情绪自控

情绪自控是富有同理心的第一个特点,作为代表企业的一方,无论销售人员,还是客服人员需要始终保持专业与礼貌,无论客户如何表现或提出什么问题,首先需要控制好自己的情绪。

千万不要因为客户的言语或行为产生过激的情绪反应,这不利于问题的解决。同时,当客户情绪激动或有不满时,一方面要控制自己的情绪,另一方面要善于运用倾听、理解、道歉等沟通技巧来处理客户的情绪。

(2) 换位思考

换位思考是同理心的精髓,与客户沟通关键就是学会换位思考。对于销售人员、客服人员而言,换位思考也是一项非常重要的沟通能力,当设身处地为客户着想时,就能了解客户的情绪状态,把握客户的痛点需求,从而找到最佳的问题解决方案。

(3) 倾听能力

沟通不仅要善于"说",还要善于"听"。在与客户沟通时,倾听是一项非常重要的沟通能力。通过倾听客户的意见、反馈和问题,可以更好地了解他们的需求和情况,并制定相应的解决方案,提高客户满意度。

倾听,不仅要关注客户的言论,还需要注意客户说话的语调、面部表情和肢体动作。这些身体语言往往暗示着客户的真实感受和需求。

(4) 表达尊重

从接触客户那一刻起,就应竭尽所能地使客户成为公司忠诚粉丝乃至终身粉丝,因此,对客户发自内心的尊重便是首要任务,在沟通过程中要时刻表达对客户的尊重之意。

对客户的尊重具体体现在如表4-1所列的行为上。

表4-1　对客户尊重的具体体现

序号	具体内容
1	面带笑容、热忱地对待客户,给客户留下良好的印象
2	口齿要清晰、音量要适中,最好使用与对方相同的方式
3	对于客户的各种询问都要耐心作答,尽量避免用反问句式
4	不要过分承诺,如果承诺了就一定要做到
5	对于初次拜访的客户,勿将对方的姓名、职称说错。若不清楚,一定要虚心请教,先搞清楚再称呼
6	当客户正在忙或无暇接待时,应该懂得有所进退或留下名片,择日再拜访

4.2 深度沟通的技巧:销售人员

在整个客户沟通工作中,销售沟通占的比重最大,即销售人员与客户的沟通。其质量直接影响着企业与客户的沟通效果。销售人员与客户进行沟通是建立良好关系和进行成功销售的重要一环。

4.2.1 挖掘客户真正的需求

挖掘客户需求是销售沟通的前提,销售人员只有确立了消费群体,抓住客户的真正需求,才能展开有效的、有针对性的推销。

【案例4-2】

一位成功"的哥",他十分善于分析乘客,他的行车路线都会根据季节、天气状况、星期几提前计划好。甚至什么人在什么时间、什么地点可能会打车，摸索得清清楚楚。

以周一至周五的某一天为例：

每天早晨7~8点先到离家最近的一个高档小区门口，因为这里白领、金领等上班族比较多，这个点正是上班高峰期，打车的人较多。

9点左右，他开始来到各大酒店，这个时候人们一般刚吃过早餐，很多人要出门办事、游玩等。尤其是来自外地的人，对本地公交路线不熟，出租车是最佳的选择。

12点左右，到商务区云集的写字楼、办公室，接送外出吃饭的客人。

午饭后，主要是到餐厅、商场比较集中的街道，送吃完饭的人；

下午3点左右，选择银行附近，因为下午办理业务的人较多，而无论是存款还是取款一般不会去挤公共汽车。

下午5点左右，正值市区塞车高峰，他巧妙避开，集中跑火车站、飞机场。

吃完晚饭，他又会去人群集中的商务区、餐饮、娱乐等场所，接送回家的人。

他把这些地点的客流规律摸得一清二楚，一天下来，几乎每时每刻都能拉到客户。虽然很累，但能抵得上同行两天的量。

从这位成功"的哥"身上我们学到了，从事销售工作，就要学会掌握其中的规律，熟悉客人的各种需求和心理。这位"的哥"非常懂得抓住客户需求，而且善于运用这些技巧。比如，时刻清楚不

第 4 章
保持充分沟通：挖掘客户需求，形成基于需求的个性化服务

同时间段客户会出现在什么地方，从而决定在恰当的时间到恰当的地方等待，他的生意比别"的哥"要好得多，收入自然也就比别人高。

自己付出了努力却没有收获，为什么？因为有一点没有做到，没有抓住客户需求。无法抓住客户需求，就无法找到推销的切入点，销售的效果肯定不会好。那么如何才能挖掘客户需求呢？

（1）围绕客户需求沟通

其实在一些地方或者通过一些渠道找到客户群不难，更重要的是要清楚客户的需求是什么。当然，还有一点要关注，那就是客户的购买力。简单地说，你的潜在客户一是要有需求，二是得具有购买力，二者缺一不可。

在销售过程中，一定要围绕客户的需求来进行沟通，不能过多地一味强调自己的产品，那样的话，即使你的产品再好，如果与客户的需求没有结合起来，再好的东西在客户看来也是没有价值的，是他不需要的，因为跟他无关。销售人员需要做的是按照客户的需求为其提供相应的产品和服务，而不要只考虑自己的签单愿望。了解客户的需求，并设法让客户知道你能满足他的需求，才是销售产品的关键。

（2）寻找客户需求

销售人员不但要快速行动，更重要的是把力使在正确的地方，把握好客户的需求。前述案例中，对方虽然仅仅是个出租车司机，

但不是简单地拼体力、拼强度，而是用心对待自己的这份工作，掌握其中的规律，熟悉客人的各种需求和心理。正是这份发掘客户需求的能力，使他比别人更加成功。

作为一名销售人员，具备"发现客户需求"的能力至关重要！下面是一些发现客户需求方法：

① 通过行业发展趋势分析；

② 通过了解客户企业的战略规划、产品规划；

③ 通过现场谈话和沟通；

④ 通过客户在使用产品过程中遇到的问题；

⑤ 通过了解客户在使用竞争对手产品中遇到的问题。

（3）分析客户需求

不同的客户，其需求是不同的，肯定会存在差异。要想把产品卖出去，让客户愿意接受，就需要学会站在客户的角度去考虑他们的需求。只有你发现了客户的需求，并帮助客户，且能够满足客户的需求，你的销售才会成功。

比如，一个人很口渴，你刚好卖饮料，你说："我这里卖饮料，3元钱"，这个时候他买下的可能性就很大。如果说饮料要50元钱，对方有可能就会拒绝。后者让对方认为，为解决口渴问题，花50元不值得。

所以，销售人员一定要时刻思考客户的需求：客户真正的需求是什么？客户为什么会有这个需求？我能帮助客户什么？客户不喜欢、不需要的原因是什么？我怎样做，才能让客户满意？

（4）引导客户需求

满足客户需求多是一种本能，只有创造需求才能扩大销售。因此，销售人员在满足客户现有需求的同时，要逐步去引导对方的潜在需求。或者，对方根本没有需求，能够利用现有条件引导出一种明确需求。这个时候，再去介绍产品，客户接受起来就比较容易了。

4.2.2 提炼产品卖点

客户为什么会购买某个产品，一定是该产品有独特的优势，品质高、服务佳、价格合理等。这就需要销售人员在向客户介绍产品时，一定要重点突出产品的优势，给足客户购买理由，让客户感到产品物有所值。

【案例4-3】

深圳嘉旺餐饮连锁有限公司，是一家以粤式风格中式快餐为主的民营企业。

嘉旺从一家小餐饮店，如何在短短几年内发展成为遍及珠江三角洲地区的连锁企业呢？这与该企业推行的营销策略有很大关系。在发展过程中，嘉旺时刻按照求新求异、突出优势的思路来做。当发展遇到瓶颈时，他们推出了一款"嘉旺小王子"的新产品，这是一款中西结合系列的快餐类产品，以鸡肉为主原料，类似于肯德基、麦当劳，但采用中式的做法。

当时，这款新产品主要有三大特点。

服务驱动增长：
个性化服务 + 精细化管理 + 客户关系维护

第一，"创奇"，出其不意，出奇制胜，率先推出"雪莲"系列鸡肉快餐产品——嘉旺小王子，引入年轻、时尚、活力元素，做具有中国特色的快餐产品。

第二，"出怪"，借力使力与众不同。"小王子"作为嘉旺的子品牌，借助了全国50余家店的销售渠道，迅速占领市场，为以后的推销打造坚实的基础。

第三，"煽情"，赋予情感，先发制人。赋予"小王子"情感因素，即"年轻没有什么不可以！"的文化内涵，正确掌握消费者心理，把握其购买动机，激发新潮、时尚、年轻人群的情感。

这几点使得"嘉旺小王子"很快在消费者中引起了购买热潮，也成为"嘉旺"快餐最大的卖点之一。

嘉旺本是一家粤式风格快餐店，却走出了一条中式做法的西方快餐的路线，这依赖于其领导层不断地寻求创新，善抓自身的优势，从中提炼新卖点。由单纯的餐饮做成了针对年轻、时尚的一种文化、一种理念，从营销学角度看，这是一种推销理念的变化，他卖的不仅仅是产品，而是这种产品蕴含的情感和文化理念。

寻找、发掘、提炼产品的卖点，已成为销售人员推销产品的常识，显然问题的关键已不是要不要为产品寻找卖点，而是如何更好地寻找到卖点。

那么，什么是优势？所谓优势，是指产品所具备的前所未有、别出心裁或与众不同的特色、特点。一个产品具有的优势体现在7方面，如图4-4所示。

第4章
保持充分沟通：挖掘客户需求，形成基于需求的个性化服务

图4-4　产品具有的优势体现在7方面

然而，在产品优势的介绍上，很多销售人员做得并不好，甚至连产品优势都无法精准地抓住，就别谈更好地介绍了。一见到客户，就把自己所有知道的都一吐为快，全然没有考虑是否说到了点子上。结果往往是出力不讨好，即使介绍得再多，客户也听得云里雾里。

所以，销售人员在介绍产品前需要先提炼"优势"，并用通俗化的语句表达出来，让客户听得懂。

产品卖点与产品优势的关系如下。

（1）卖点是针对产品的优势而存在的

卖点是打动客户决定购买的驱动力，而这个点一定是产品体现

出来的最大优势。当然,这里的优势是广义的,有有形的,也有无形的。比如,质量、价格等有形特征,服务、文化等无形的消费理念,都隶属于产品优势的范畴,某些时候,这些无形的优势更容易被人接受。

比如,为某产品设计广告,广告策划中少不了对产品的自身优势定位。如果,我们仔细观察,会发现这样一个现象:广告商对产品优势的把握并不仅仅停留在表层上。而是成功地向观众传达了这类产品背后所承载的思想内涵。也就是说是一种"观念",一种"消费观念"。如宝马汽车、可口可乐的广告,一直都保持非常高的水平,其中很重要的是它们坚持一种贯穿始终的创作理念,产品观念的时代潮流,抓住了人们的消费心理。

(2)并不是所有产品优势都是卖点

这一点尤为重要,卖点所针对的优势并不是盲目的,有利于客户利益,符合客户需求的优势才可以认为是卖点。某一项产品的出现,针对不同的人、不同的需求,其优势也有所不同。

4.2.3 给客户以积极的期待

日常生活中,我们或许都看过这样一种现象:当一个人无法得到他人关注和期待时,就可能会消沉,甚至就一直这样平庸下去;而当他被周围人寄予厚望,并得到频频鼓励时却能宛若新生,迸发出巨大能量。这就是他人的期待对自身的一种促进作用。

这种现象与一种心理效应不谋而合,美国著名心理学家罗森塔尔和雅各布森通过大量实验得出结论:双方谈话时,一方如果有充

第4章
保持充分沟通：挖掘客户需求，形成基于需求的个性化服务

沛的感情、较高的期望，那么可引起另一方的心理发生同样的变化，他将这种心理现象称为"皮格马利翁效应"，又叫作"期待效应"。

从这个角度来看，销售人员在推销产品之前给客户营造一个积极、美好的期待很有必要，让对方有"你的话还没说完""继续听下去也许有更大收获"之感。

美国著名理财师大卫·罗宾逊就非常擅长运用此种方法，他每次向客户推销时从不直接介绍产品，而是故意卖关子，让客户感到似乎总有悬而未决的事情，使客户总是充满期待地与他交谈。

大卫为何能如此轻松取得订单，最主要的原因是他能不断地为客户营造一个巨大的想象空间，先一再强调事情的"重要性"，后又"量身定做"，虚虚实实，难怪客户会充满期待。内心期待对心理有一种潜移默化的影响，当客户充满期待地急于了解你的产品时，要比被动地接受你的推销好得多，因为他内心想进一步了解的欲望已经被激发出来了。

反观，很多销售人员大部分都无法做到这一点，几乎是强迫客户听自己讲话。要想让客户愿意与你接触，需要让他们对你或你的产品充满期待。即使遭到对方的拒绝和冷眼，也要给一种积极的心理暗示，并且能把这种暗示转变为行动。

（1）创造良好心理环境

某小区门口有两家超市，甲超市和乙超市，甲超市在左，乙超市在右。每次买东西的人们都习惯左转。

一样的距离，一样的产品，一样的价格，为什么大家更喜欢在

甲超市购买？原来只是因为购物环境的不同。就拿水果、蔬菜区来对比，甲超市的排列像一幅静物写生画，具有艺术性，而乙超市摆放则非常凌乱。产品的美感能引起客户的购买欲望。

事实证明，人的心理状态与当时周围的环境息息相关，使客户有一种良好的期待心理，树立"我要购买"的信念最重要，首先需要创造一个有利于这种心理形成的外在环境。当客户在这样一个大环境中待一段时间后，自然会倾向于与这种环境相匹配的行为。

（2）避免在客户面前呈现消极心态

有很多销售人员呈现在客户面前始终是一副消极心态。这与推销工作本身有很大的关系，推销时需要与陌生人打交道，在很多场合销售人员是处于被动的地位，容易遭到对方的拒绝。遭到客户冷眼和拒绝是经常发生的，但是不能因为这些破坏了心情。

很多时候客户认同的不仅仅是你的产品，还有你的态度和服务！态度不好、服务差的销售人员常常给人一种"拒之千里之外"的感觉，让对方无法接近你。所以，如何在客户面前展示出自己最好的一面，是成功销售的前提。

在向客户推销时尽量让对方置于一个有利于购买的环境中。比如，布置购买氛围，创造体验机会，制造抢购场景。或者通过特定的动作和场景，运用各种各样的肢体动作向客户展示某件产品，以更好地了解特性或某项服务的优点。

4.2.4　谈论客户喜欢的话题

很多销售人员在和客户交流时，往往会不自觉地把话题向自己

第 4 章
保持充分沟通：挖掘客户需求，形成基于需求的个性化服务

感兴趣的方向转移，这是不可取的。相反，应该投其所好，按照客户的兴趣、爱好来确定谈论话题，最大限度地激发对方的谈话欲望。这是与客户交流的一个小技巧，找到客户的兴趣点，就相当于抓住了推销的关键。

【案例4-4】

小马是一名汽车推销员，在一次车展上结识了客户刘某，当他再次拜访时对方却多次以工作忙为由拒绝。在仅有的一次会面中，还由于话不投机受到了对方不冷不热的待遇，这令小马很失望。

但小马并没有放弃，经多方打听得知，这位客户十分爱好运动，经常与朋友一起到郊外练习射击。于是小马便对周边地区比较有名的射击场进行多方了解，搜集了大量有关射击的资料，并且突击训练了一些射击技巧。

当再次拜访时小马不再感到拘谨，也没有提车的事，而是直接与客户谈论起射击的话题，说到兴致时，小马告诉客户："刘经理，我听说城东有一家射击场，设施齐全、环境优美，我们去散散心如何？"

射击场上，小马这几天的精心准备终于有了效果，让客户刮目相看。在返回的路上，客户主动问起车的事情，并透露出自己喜欢越野车，小马趁机与对方谈论起来："我们公司有一款新型越野车刚刚上市，是目前市场上最畅销的一款……"真正的销售就这样开始了，最后，小马顺利地拿到了订单。

上述案例中的小马在了解到客户喜欢射击之后，就有意识地培养自己在这方面的知识和技能，从而与客户形成了共同爱好，顺利取得了对方的信任和好感。他推销的成功在于，抓住了客户的兴趣点，并时刻创造机会，谈论客户喜欢的话题，从而奠定双方的沟通基础。

一般来讲，任何客户都不会马上对陌生的你、陌生的产品感兴趣。因此，销售员在拜访之前，需要对客户的兴趣爱好有足够的了解，找到客户感兴趣的话题。正所谓：同流才能交流，交流才能交心，交心就有交易。

挖掘客户的兴趣、爱好可以简单地分为三步，如图4-5所示。

图4-5 挖掘客户兴趣的三个步骤

（1）认真观察

人们常常会把自己喜欢的东西、感兴趣的东西呈现出来。比如，你看到客户办公室书柜上的书籍，可以判定对方是个爱读书的人；看到墙上挂的字画，可以判定对方爱书法或收藏；看到客户办公桌上的鲜花，说明对方是一个有生活情趣的人，等等。这些直观的事物最容易暴露一个人的兴趣、爱好或者学识、品位等。所以仔细观察客户周边的环境以及客户的言谈举止等是挖掘客户兴趣最简单的方法。

（2）巧妙询问

询问的巧妙之处在于，我们可以通过各种提问来引导客户的思维，让客户自己说出需求。比如，你发现客户很爱看足球赛，就可以直接问对方"球技怎么样""喜欢哪支球队"，以及"对某支球队的看法"等。这些问题仅仅靠观察、猜测是很难判断准的，需要深入探讨才能得出结论。

（3）合理分析

观察、询问，毕竟手段比较单一，如果遇到较复杂的情形还需要施展想象力，开动脑筋，积极思考，合理分析。

通过认真观察、巧妙询问、合理分析三步走，对客户就有了基本了解，但是有些人可能会问，如果上述方法都行不通的话，该怎么办？其实，也不是没有办法，我们可以根据相似性去寻找，人与人之间总会存在着某些共同点，例如，相同的习惯，共同的工作环境，共同的工作性质，甚至某些生理特征，如脚比较大、个子高等，这些共同特征都可以引起共鸣。

任何人都愿意与自己有共同语言的人相处，销售人员在与客户交流时就要找到双方的共同点，确定共同话题，以此来引起共鸣。这个共同话题范围比较广，可以是双方共同认识的一个朋友，也可以是刚刚进行的一场足球比赛，或者是对方办公桌上的全家福等。

4.2.5 降价不降值，学会报价技巧

贪图便宜是人们消费时最常见的一种心理倾向，在日常生活中，我们经常会遇到这样的事例："超市打折""商场促销"，只要

有这样的消息，人们总会争先恐后地去购买，都是为了买到物美价廉的东西。

针对普遍存在的这种心理，请不要坚持"便宜没好货，好货不便宜"的论调，这反而会增加客户逆反心理。如果你了解客户，不如多掌握一些讨价还价的技巧，利用客户的这种心理。

物美价廉永远是大多数客户追求的目标，每个人都希望花最少的钱，买最好的产品。从心理学上看，"占便宜"也是一种心理需求，每当客户用比以往便宜的价钱买到同样的产品时，会因此而感到满足、开心、愉快。

那么，在实际推销中，该如何满足客户的这种心理呢？可采用如图4-6所示的方法。

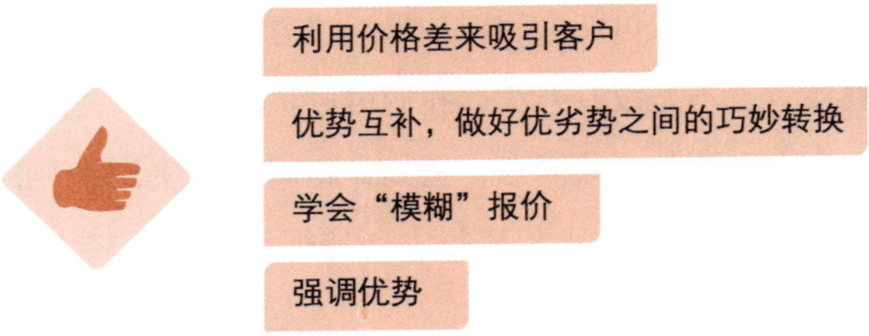

- 利用价格差来吸引客户
- 优势互补，做好优劣势之间的巧妙转换
- 学会"模糊"报价
- 强调优势

图4-6　满足客户"物美价廉"心理需求的技巧

（1）利用价格差来吸引客户

在购买时，大多数客户只关注你给出的价格是多少，然后再与你的竞争对手做比较，与同类产品做比较，如果你没有让客户觉得得到优惠，客户可能就会离你而去，如果你让他得到优惠了，则成交的概率就会增大。

"不比不知道，一比吓一跳""不怕不识货，就怕货比货""货比三家",有比较才会有鉴别,有鉴别才会买到更好的产品,每个客户都懂得这个道理。在销售中,对于销售人员来讲,对比法也是一种促销方法,那么如何将两种产品进行比较才能更有效呢?这就需要掌握一定的技巧,根据客户的需求点选择合适的比较对象。高、低档产品进行比较;新、老产品进行比较;将不同品牌产品进行比较。

(2)优势互补,做好优劣势之间的巧妙转换

很多消费者购买产品追求的是一个心理平衡,而优惠无疑是有效的方法之一,销售人员不妨多使用一些类似的政策,比如,优惠、打折、赠送等。

比如客户说:"你的产品质量不好。"你可以这样告诉客户:"产品确实有点小问题,所以我们才优惠处理。不过虽然是有问题的,但我们可以确保产品不会影响使用效果,而且以这个价格买这种产品很实惠。"这样一来,你的保证和产品的价格优势,就会促使客户产生购买欲望。这相当于,用产品优点来弥补缺点,实现优势互补,这样就会让客户觉得心理平衡,同时加快自己的购买速度。

但是,优惠只是一种手段,说到底是用一些小利益换来大客户,吃小亏占大便宜,最后还是有利润的,不然商场里也不可能经常有"买就送""大酬宾"等活动。当然,在优惠的同时,还要传达给客户一种信息:"优惠并不是天天有,你很幸运。"这样,客户在心理上才会更满足,他们才会更愿意与你合作。

(3) 学会"模糊"报价

有的客户在购买产品时,连产品都没有搞清楚,就直接砍价,而且不断地砍价。对于这样的客户,销售人员一定不能太明确地告诉他们价格,而是采用模糊报价法,先对客户的心理预期进行试探,当询问详情后,再根据所掌握的情况进行有针对性的应对。

比如,当客户问价格的时候,可以这样回答:"我们产品包括4大系列,20多个品种,价格从500元至5000元不等,请问需要什么款式,什么规格的呢?"这样说,在一定程度上可以明确客户对价格的心理预期或底线。

报价的形式如下。

第一种:报产品单价。

很多产品有单个卖的,有整箱卖的,整箱产品的价格一定高于单个产品的价格。而整箱中单个产品的价格往往低于产品的单价。所以销售人员在推销产品的时候可以先推荐箱装产品,客户听到低的单价,自然就会感觉占到了便宜或者感觉很便宜,就会比较容易达成交易。

第二种:报产品使用日价。

有很多产品的价格很高,这让很多客户在购买的时候犹豫不决,可是这些产品的使用期限却很长。例如一款保险产品的保险期限是一年,一年的费用在九百多块钱,如果出险,保障额度可以达到百万,销售人员在销售产品时就会说"每天不到三块钱就有百万医疗险",这就让客户很安心。

第三种：精准报价。

在与客户探讨价格的时候要给客户精确报价，把每一个产品的单价、日消耗金额都算清楚，精确到小数点后两位，让客户知道你做足了功课，让客户知道你是专业的，你的数字是准确的。即使讨价还价，也只有抹零头这一种方法。

（4）强调优势

销售人员要把产品的优势展示给客户，让客户知道自己花的钱是物有所值的。夸赞自己的产品，说服客户，这些产品配得上你花的钱。

具体可以从三个方面来说。

① 产品的自身。产品的生产工作细腻，产品质量有保障，效果好，在同等产品中竞争力最强，类似产品少，价格合适。

② 企业对产品的支持。推出一款产品，企业付出了心血做广告宣传和推销。企业还为产品做了各种各样的礼物搭配，在企业涉及的地方都有销售。

③ 产品的售后服务。企业为产品作出了健全的售后服务，从发货到配送都有详细安排。线上销售也有流水线式安排：下单，订单编号，产品出厂，配送，售后服务。产品支持送货上门，专业人员安装，三年内免费保修等这些都是产品的优势。

无论哪种客户，销售人员都要有足够的耐心。面对想买的客户，真诚服务，无微不至。面对买不买无所谓的客户，尽量说服购买，不催促，不要不耐烦，做到有问必答。对于不想买的客户，销售人员也不能冷淡，尽量不说出产品低价，以免泄露商业机密。微笑服务，端茶倒水，不能落客户口舌，对企业造成不好的影响。

4.2.6 适度沉默，让客户说话

据说，爱迪生为凑钱建造实验室想卖掉一项发明专利，但不知道该卖多少钱。于是，跟妻子商量，而妻子也不知道这项技术究竟值多少钱，咬一咬牙，狠心地说："要两万美元吧"。

爱迪生笑着说："两万美元，太多了吧？"

后来一个商人对这项技术感兴趣，便与爱迪生商谈起来，由于爱迪生认为两万美元太高了，当商人问到价钱时，他一直不好意思开口。商人几次追问，爱迪生始终保持沉默。最后，商人终于耐不住性子了，"那我先出个价吧，10万美元，怎么样？"爱迪生爽快地答应了。

这个例子成为"沉默是金"的典型，心理学上古德曼定律讲的就是沉默作用。这个定律最早由美国加利福尼亚大学心理学教授古德曼提出。基本原理即没有沉默就没有沟通。这个定律强调的是，最能干的人不一定是最能说的人，当你能够心领神会的时候，沉默便胜过千言万语。

有时候，保持沉默在人际交往中同样有效，作为销售人员，在与客户交流时不需要滔滔不绝地单方陈述，要知道该什么时候保持沉默，为客户提供无声的服务。

【案例4-5】

日本东京银座有一个化妆品专卖店，生意非常红火。该店成功经营的秘诀是"无声服务"，进店的客户一律自主选购产品，除非

第 4 章
保持充分沟通：挖掘客户需求，形成基于需求的个性化服务

客户主动要求，否则售货员全程都不会参与。目的就是为客户创造一个完全独立自主的空间环境。

这种独特的做法受到了许多女性客户的欢迎，该专卖店总是拥有比较固定的消费者群。无独有偶，我国香港一家女性内衣专营店也有同样的策略。

该店店门紧闭着，没有一个导购员，只有两名保安（女）和一名收银员。该店只允许女客户进入，四周挂满镜子，各式各样的内衣挂在架子上，并放有三维测量表、内衣着装指南、软尺以及其他宣传品等。客户可以在宽敞的店内任意试穿，不会受到任何干扰。

再加上该店内衣品种多样，进入该店的女士都会选择几件。

该店的经营策略，就是巧妙地抓住了女性购买内衣时"怕被打扰"的微妙心理，运用古德曼定律为他们创造了一个良好的购物环境，从而吸引了越来越多的消费者。

这说明，在特定情况之下沉默更有说服力。正如上述案例中，如果一位女士想买一件文胸，店里的导购员主动上来服务，还说了一大堆"要不要帮挑"之类的话，这些话用在其他产品上没有任何问题，但用在文胸上，立马会令客户感到很尴尬。即使是女导购员，也是令人难以接受的。

其实，在这种情况下不在于说话的人是男是女，关键在于此时此刻不便于过多地说话，话越多反而会事与愿违。习惯上，我们一直把"说"当作推销的主旋律，许多大商场订立"服务准则"，要

服务驱动增长：
个性化服务＋精细化管理＋客户关系维护

求销售人员做到注意倾听。如果只是不顾一切地与客户抢话说，逞口舌之强，反而会失去客户。尤其在一些特定的场合，常常会因为一句不合时宜的话将自己逼入死角。

古德曼定律告诉我们，在特定的情况下需要保持沉默。正所谓的"静者心多妙，超然思不群"，在与人交流时要注意倾听，适时保持沉默。一则可以减少说错话的概率，获取更多思考的时间；二则还能给客户以踏实可靠、值得信赖之感。

然而，沉默并不是指不说话，而是善于把握说话的分寸。该说的时候充分表达，不该说时一句也不要说。更重要的是要保持一种沉着冷静的姿态，比如，在神态上表现出一种自信。很多有经验的销售人员最后阶段的讨价还价中，总是不急于发言的，迫不及待地提出建议价格，然后找准机会给予最后一击。

言多必失，销售人员说话过多容易给客户留下不好的印象，影响到客户的购买心理。谨言慎行，善于倾听，适度保持沉默是一种非常重要的交流方式，在与客户的交流中发挥着重要作用。

4.2.7 在客户最需要帮助时，多帮帮对方

销售人员要深入客户内心，体察客户的真实想法，想客户之所想，急客户之所急，在客户最需要帮助时，提出切实可行的解决方案，把遇到的问题解决掉。

【案例4-6】

在某商场，海尔冰箱展台迎来了两位60岁左右的客户，他们一边仔细看展台，一边商量着。当时在场的一名海尔员工王振伟看到

了两位老人，他热情地迎上去，同时认真地向他们介绍海尔冰箱的功能、质量、服务、价格等。看到品牌如此多的冰箱展台，两位老人一时拿不定主意。他们告诉王振伟："我们再到其他展台看一看，比较一下再做决定。"

半小时后，王振伟看到两位老人又返回来了，通过询问得知，他们还是没有作出决定。不过他们表示，今天是肯定要把冰箱买回去的，只是要先回去取钱。当时外面正好下着雨，王振伟迅速把雨伞递到两位老人面前。两位老人起初不愿接受，他们认为："还没决定购买哪种冰箱，恐怕到时候不好归还。"

王振伟却说："送你们伞属于我的个人行为，与你们是否购买我们的冰箱没有关系，再说我们海尔的员工有义务帮助像你们这样需要帮助的人。"在得知家中只有两位老人时，王振伟建议他们购买一款小型冰箱，这样既省电、使用起来又方便。最终，两位老人决定从海尔展台购买冰箱，因为他们觉得这里的销售人员是真心诚意为客户服务的。

王振伟轻松卖出了冰箱，他虽然没有一直与老人谈论冰箱的事，但用行为打动了对方。

与客户沟通时尽量不要着急，不能耍"嘴皮子"，要实实在在帮助客户解决问题。然而，很多推销员却意识不到这个问题，他们内心只有一个原则："以盈利为唯一目标"。在这一原则的引诱下总是不惜欺骗客户，肆意夸大其词，信口雌黄，可谓动足了脑筋。

要想提高成交的概率，就需要时刻为客户着想，当客户遇到困难的时候。无论与推销有没有关，都要积极地去帮助他们，这将会成为你与客户建立的一条无形纽带。只要有了这条情感纽带，客户接受你也会容易得多。

（1）提供日常生活上的关心

关心客户的生活，很多人认为这一点可有可无，其实，这是非常重要的。关心客户的生活，看似与推销无关，实际上它会在无形中影响着客户对你的认知。比如，"今天天气比较凉，要多穿衣服；你的咳嗽好些了没有，我听说，某某药效果非常好，你可以试一试"，诸如此类的话。将关心带到客户身边去。

（2）为客户提供最新的产品信息

客户购买产品的同时，还会十分关注一些与之相关的行业信息，特别是级别较高的客户，会更喜欢、更关心。所以，你在为客户讲解产品时，别忘了将同行业中的最新动态也讲给客户，这样，更有利于他们了解你的产品，觉得你是一个真正懂行的人，也会对你更加信任。

（3）帮助客户创造利益

为客户着想的关键点在于：让客户感到你的产品能为他创造利益，哪怕是提供一些能增加价值和省钱的建议，也会得到客户的认可。作为销售人员，要做到时时刻刻为客户着想，站在客户的立场上来看待一切问题，要考虑怎样才能帮客户省钱，帮助他们以最少的投入获得最大的回报。而不要一味考虑如何从中得到回报。

推销的精髓是在客户需要帮助的时候尽最大的可能去帮助他

们。让客户感受到"你能为他们带来实际利益"，这样会进一步彰显你的诚意。只有让客户感受到了你的诚意，对方才乐于购买你的产品。

4.2.8 留心客户态度的突变

客户从进入商店到离开商店，态度会有两种变化方式，一种是从平稳到欣喜，另一种是从平稳到失望，两种不同的态度变化导致两种结果。如果服务人员能够让客户欣喜，那么客户就会购买产品，如果服务人员让客户失望，那么自然就不会成单。

客户的情绪不会瞬间变化，都会有预兆，脸上的表情也会逐渐发生变化。如果客户对自己不信任，询问身边人的意见，是否购买产品，那么说明客户对产品很满意，有购买产品的意思。

如果客户说出一些要求。例如，"这个太贵了，能不能便宜一些？"或者"你这什么赠品都没有啊，这不是节日吗，我看好多家都有活动呢！"如果客户说出类似的话，那么也同样可以说明客户是有购买的欲望的，对产品是满意的，只是还想要更进一步优惠。

面对这些条件，如果服务人员能够满足客户的条件，那么客户自然就心满意足地付款。反之，如果客户的条件服务人员不能满足，那么客户就可能转身离开了。

当客户询问身边人的意见，服务人员就应该意识到客户对产品是满意的，接下来服务人员要做的就是说服他所询问的人。询问别人的客户多数是自己没有想法的，对自己没有信心，不相信自己的眼光，所以要通过他人的回答来验证自己的眼光，否则即使自己满意，客户也不会放心购买，依然会犹豫。

例如，一位女士带着自己的妈妈去买衣服，妈妈看中一件衣服，然后问旁边的女儿："你觉得怎么样？"面对这种情况，服务人员就知道客户对衣服是很满意的。为了说服客户，服务人员可以说："小姐，这件衣服购买很适合，老人家平时都不舍得买衣服，喜欢一件很不容易，价钱你是不会在意的吧？"女儿听到这样的话，应该就会给母亲买衣服。

再如，客户在看完产品之后眼睛盯着一处不动，可能盯着产品、礼物或产品介绍手册，那么可能客户正在心里计算这件产品的价格和产品本身是否匹配，要不要买？这样都可以证明客户对产品满意，否则不会有犹豫。

如果听完产品的介绍，客户说话时身体比之前靠近服务人员，表情变得略微紧张或者温柔，说话的语气比之前热情，声音时大时小，说明客户对产品满意，有意购买。时刻关注客户的表情，都会帮助服务人员分析客户的心理状态，从而说出正确的话。

4.3 深度沟通的技巧：客服人员

客服人员与客户之间的沟通，是企业与客户进行沟通的主要方面。企业了解客户需求、传递所有的信息都可以通过客服人员实现。同样，客户向企业反馈信息，比如产品使用过程中遇到的问题，也可以通过客服人员。

4.3.1 集中解决客户的问题

无论什么样的沟通，无论陌生人之间，还是熟人之间，要想有好的沟通效果都需要有一个重要前提——共同话题。因为只有有了共同话题，双方才能深入沟通下去。

客服人员与客户的共同话题就是产品售后问题，此时，就需要围绕这一共同话题进行沟通。具体可以按照如表4-2所列的做法进行。

表4-2　围绕共同话题进行沟通的做法

沟通的做法	具体内容
了解客户	在与客户交流前，先了解客户的背景、兴趣爱好、工作等方面的信息。这可以帮助你更好地了解客户，并找到共同话题
寻找共同点	在与客户交流时，尝试找到你和客户之间的共同点，例如喜欢的运动、电影、音乐等。这可以帮助你建立联系，增强沟通的互动性
提出问题	在与客户交流时，不断地提出问题，以了解他们的观点和想法。这可以帮助你找到共同话题，并且让客户感到你对他们的关注和尊重
保持开放心态	在与客户交流时，保持开放心态，愿意听取客户的想法和建议。这可以帮助你更好地理解客户，并找到共同话题
避免争论话题	在与客户交流时，避免谈论敏感话题，如政治、宗教等。这可以避免引起不必要的争议和冲突

需要注意的是，每个人对产品的需求不同，关注点不同，发现的问题也存在很大差异。对于客户问题的挖掘，需要客服人员在与客户交流过程中，善于观察、发现和总结，做一个工作和生活中的有心人，并不断学习，丰富知识，开阔眼界，充实自己。

同一个销售人员站在同一个店里卖同一件产品，面对不同的客户，说出来的话不一样，问题自然也不一样。

人与人有不一样的关注点，原因在于人和人有不一样的心理状态，不同的心理状态说话的方式自然不同。因此，销售人员要寻找不同的兴趣点，因人而异，说出客户的心里话，让客户惊喜，达到自己的目的。

4.3.2 保持良好的服务态度

良好的态度是增强沟通体验的关键，一种积极、友好、耐心和乐于助人的态度，可以建立信任和良好的关系，从而更好地满足客户需求，并提供更好的服务。

以良好的态度与客户交流，可以有效地解决问题，提高客户满意度。很多人都有这样的经历。我们在商场购物，如果销售人员爱答不理，即使说话，语气也不好，这时，即使我们非常看重一件产品，也会因为这个销售人员的态度而放弃。

销售如此，其他方面也是如此，以小见大，在与客户沟通时想让对方满意，首先就需要保持良好的沟通态度。良好的沟通态度具体表现在表4-3所列的5点。

表4-3 沟通时良好态度的具体表现

良好的沟通态度	具体内容
保持心情愉悦	尽可能保持心情愉悦，避免将个人情绪带到沟通中
耐心解答问题	对于客户提出的问题，要耐心解答，并确保客户能够理解

续表

良好的沟通态度	具体内容
及时回复	对于尚未解决的问题,要作出承诺,并在约定时间内尽快回复
尊重客户	不管客户情况如何都要给予充分的尊重,不要批评或指责
倾听客户的反馈	尊重客户的想法,认真倾听他们的反馈意见,以便更好地理解他们的问题和困难

4.3.3 重视沟通的过程

与客户沟通,最终目的是令客户满意,这里的"满意"除了对产品和配套服务的结果满意外,还包括对产品销售、服务的整个过程满意。其实,这个过程就是沟通的过程,沟通过程是循序渐进的。

之所以注重过程,就在于过程是有规律、有步骤的,这些规律和步骤体现了沟通双方的思维、态度、观点。如果没有这个过程,沟通只能是一个徒有其表的结果,实际意义不大。

因此,沟通需要真正体现出过程,循序渐进地进行。以销售人员向客户推销产品为例,具体可按照如图4-7所示的步骤进行。

第一步:缓解氛围。

两个陌生人首次见面,因互不了解,所以很难马上围绕"产品"展开沟通,一旦处理不好就会导致谈话陷入尴尬。营造良好的沟通氛围是很重要的,氛围不到位会直接影响到沟通效果。

因此,沟通的第一步是营造良好的沟通氛围。

图4-7　销售人员推销产品4个步骤

【案例4-7】

销售人员小杨第一次拜访客户田总，在进入客户办公室时，发现对方正在打电话。于是，就先在隔壁办公室坐下来。在此期间，他看到田总的书架上有很多书，大多数与业务有关，但有一类比较特殊，那就是几本历史书，想必这就是客户的"爱好"。

小杨特意注意到了这点，当客户打完电话，小杨简单做了自我介绍，并且以"阅读"为话题迅速进入聊天主题。

小杨："没想到田总这么爱读书，在你面前我都有些汗颜，因为我总是无法坚持看书。不过，我也特别看历史书，床头常常放些先秦时期的历史书籍，深深被古人的智慧折服。"

"你仔细看看，我的这些书中，除了专业书大部分都是历史

第4章
保持充分沟通：挖掘客户需求，形成基于需求的个性化服务

书，我小时候深受爷爷的影响，他老人家经常给我讲古代历史人物故事，只是小时候没认真听，长大了想听也听不到了。所以，我有一个大胆的想法，每个产品都赋予一个历史故事，也算是一种纪念和情怀。"

"每个产品都有一个小历史故事！这个想法不错，肯定会吸引一大批历史爱好者……"

接下来，两个人便聊起来，不但找到了共同话题，也由历史过渡到了产品上，轻松打破由陌生带来的尴尬。

第二步：坚持以事实"说话"。

与客户沟通，只有事实才能打动对方，然而，很多人都有这样的习惯，在沟通时不坚持实事求是，而是用自己的推断去回答问题。"也许""大概""可能"这样的词，有人却不说。这样就会造成误会。沟通中最容易出现的就是误会，有误会就会导致问题越来越多，不能达到沟通的目的，所以，说话都要以事实为依据，只有说实话的销售人员才能得到客户的信任。

第三步：引导客户按照自己的思路走。

对于销售人员和客户的沟通，为了保持一致性和专业性，很多企业为销售人员制定了话术。这个套路不仅可以让销售人员在整个谈话中掌握主动权，还能让客户跟着销售人员的思路走，得到销售人员想要的答案，做到和客户的有效沟通。

在谈话的最开始，销售人员要先赞扬客户，感谢客户对他工作的支持，让他圆满地完成了领导交给他的任务。这样就创造了一个

良好的氛围，客户听到赞扬他的话心情也会很愉悦。

赞扬之后询问客户最近对产品有没有需要，或者身边有没有人需要产品，如果有就请多多推荐。客户回答完问题一般会有两种情况：一是表达自己对产品的满意；二是说出对产品的满意，提出自己的意见。如果客户对产品有意见，销售人员要给客户提出有建设性的解决方案，真正解决问题。

第四步：引导客户主动说出自己的需求。

每个人都希望做自己愿意做的事情，而不是做别人希望自己做的事情，或者被人强迫做一些事情。客户和销售人员之间是有利益牵扯的，只要涉及利益，客户就会想要去做。例如，销售人员希望客户能给他带来更多的客户，在这件事情上，如果单纯说让客户带客户，客户可能不会拒绝，但是也不会尽力去做，甚至不会放在心上，因为带来客户对他们没有好处。

但是如果销售人员告诉客户最近企业新推出了老带新的福利，只要带来客户成功交易就有五百元的现金奖励，那么客户很可能就会竭力去做这件事。最后就不是销售人员请求客户带客户来了，客户会主动，当成工作一样去做。

有了利益，客户就会愿意去做这件事，效果上会更加明显。因此，不管做什么，方法很重要。

4.3.4 将沟通主动权让给客户

把沟通主动权让给客户，意味着让客户成为对话的主导者。这种方法创建了一个开放和互动式的环境，使客户更愿意分享想法和观点。以下是一些可以将沟通主动权让给客户的方法。

（1）提问

通过提问引导对话，让客户在对话中表达自己的想法和需求。这些问题不应仅限于个人信息，而应该涉及他们正在尝试解决的问题、当下的需求和目标等方面。

（2）倾听

倾听客户的回答非常重要，对于客户说的内容应该认真听取并给予充分反馈。尽可能地与客户建立联系和情感共鸣，为他们提供积极的支持和参考。

（3）确认

确认对话中客户所说的话，并且让他们知道他们的观点在对话中得到了重视和尊重。这不仅可以让客户知道在对话中被重视，还可以确保他们需要的支持被满足。

（4）尊重

尊重客户的看法、需求和时间表，不要打断他们的发言或是假设知道他们要说的内容。客户会感到被认真对待，这样可以建立良好的关系，提升满意度和信任感。

通过把沟通主动权让给客户，可以增强与客户的互动性，增加客户的参与度，建立更加良好的关系并提高客户满意度。

4.3.5 处理客户抱怨的原则

任何事情都是讲究原则的，只要把握好应坚持的原则，处理时就会高效得多。对于客户的抱怨，在处理时应坚持以下三条原则。

（1）第一个原则：客户永远是正确的

心态决定态度，决定行动，在处理客户抱怨之前，需要树立这样一个认知——客户永远是对的，无论客户说什么都不能先去否定客户。面对客户的抱怨，先进行假设性肯定，然后在此基础上进一步调研，搞清楚事情的真相。

如果客户抱怨的事实是真实存在的，就要积极去解决；如果是不存在的，也要在态度上给予认可，肯定客户抱怨这件事对企业的启发，阐述自己想得不周到、做得不够好的地方。最后要将承诺落实到行动上，改善和优化产品，满足客户未来的更多需求。

（2）第二个原则：不与客户争论，不做无谓辩解

客户对产品的生产并不是全程参与，因此，很容易产生一些误解或者质疑，这些都是正常的。当客户对产品有抱怨的时候，员工不要去纠结客户说得对不对，无论这些抱怨是经过深思熟虑，还是因个人情绪的影响无中生有，都不能与客户争论。

企业依靠客户而"生存"的，不管什么原因，不管客户是不是对的，与客户争论就是在赶客户，失去了客户就失去了订单，可见赢了争论，是没有任何好处的。

（3）第三个原则：在最短时间内处理客户抱怨

客户的抱怨证明企业的工作和产品有瑕疵，除了端正的态度，客户看重的还是企业的行动力。端正的态度是快速行动的基石，立刻行动就能让客户感觉到企业的诚心，认为企业是真心接受客户的抱怨，而不是在敷衍。

客户说产品质量不好，那么企业就要立即给出反馈，全面检查每个环节，看看哪道工序出现了问题。客户说企业服务不好，就要立即对相应服务人员进行惩罚，并且对服务人员进行重新培训，保证服务态度和服务质量。

正确处理客户的抱怨才能留住客户，端正态度，表达歉意，抱怨的发生不仅不会流失客户，还会增加客户对企业的满意度，一念之差，千差万别。

4.3.6 积极回访，重视客户的反馈

有反馈才能加深了解，有了解才能发现问题，发现问题才能有改进动力。一系列心理实验表明反馈比不反馈好得多，积极反馈比消极反馈好得多，主动反馈比被动接受反馈好得多。

反馈，对于发现问题、解决问题有着重要的促进作用。心理学家赫洛克曾做过一个实验：他把被试者分成4个组，第一组激励组、第二组受训组、第三组被忽视组和第四组控制组，如图4-8所示。

图4-8 心理学家赫洛克实验分组

实验的具体内容为：每次完成任务之后，第一组实验者会受到一定的鼓励和表扬。第二组则要接受严厉的批评和投诉。第三组不给予任何评价，只让其静静地听其他两组受表扬和挨批评。第四组不仅不给予任何评价，而且还要他们与其他三组隔离开。

多次试验后，成绩结果显示：第一组>第二组>第三组>第四组，且第一组和第二组的成绩与第三组、第四组差距较大，第四组最差，第二组有所波动。

另外，还有C.C.罗西、K.L.亨利及布朗等心理学家都做过类似的实验，所有结果都表明，有反馈比没反馈好，正面反馈比负面反馈好，积极反馈比消极反馈好，主动反馈比被动反馈好。

这个效应也可运用到客户关系中，产品卖出去之后并不意味着销售工作的结束，还有一个重要环节就是做好反馈工作，定期或不定期对客户进行回访。回访是反馈工作的一种非常重要的形式，它就像车轮的"轴"，在整个销售过程中起着承上启下的作用，既是对上一阶段工作的总结，也是接下来工作的开始。

回访，是对客户的购买产品的一种问候，更多是一种信息反馈方式，尤其是当客户对产品使用不满时，他们提出的意见、建议将是我们进行产品改进最有力的方案。

对老客户的回访是销售工作的延续，必不可少，尤其是刚买过产品的客户要及时回访。销售人员本人，或者委托专门的回访员，哪怕只是一个电话也会给对方带去惊喜，大幅提升满意度。销售人员付出的努力固然重要，但如何能最大限度地取得老客户的理解、信任和支持更重要，如果你得不到老客户的帮助，营销之路一定很难走远。

那么,销售人员该如何做好对老客户的回访工作呢?这就需要掌握必要的技巧,既不能过于频繁,也不能时隔太久。

(1)把握回访机会

对客户的跟踪服务并不是时不时地去打扰客户,如果这样真变成对客户的骚扰了。跟踪服务需要遵循一定的规律,根据规律来把握时机。

科学证明,人的记忆呈一条曲线,在这条记忆的曲线上每隔一段就会有一个极限点,一过这个极限点,人的记忆就会下降,于是,要想加强人的记忆就需要隔一段时间来刺激这个极限点。

由此可见,回访并不是越频繁越好,而是要遵循一定的规律,只有在合适的时机才能取得最佳效果。

(2)回访时机与规律

只要有了第一次回访,紧接着就会有第二次、第三次、第四次,甚至更多次。那么,如何来把握每次回访之间的间隔呢。这就需要销售人员了解一下人的记忆规律,或者说遗忘规律。人的记忆或遗忘是有规律的,大体呈曲线状,又叫艾宾浩斯遗忘曲线,具体如图4-9所示。

这条规律是由德国心理学家艾宾浩斯(H.Ebbinghaus)研究发现,人可以从遗忘曲线中掌握遗忘规律并加以利用,从而提升自我记忆能力,该曲线对人类记忆认知研究产生了重大影响。

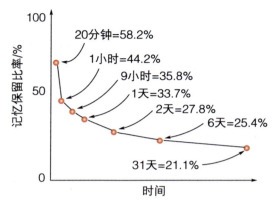

图4-9 艾宾浩斯遗忘曲线

随着回访客户次数的增多，客户对你的印象也会跟着不断上升，但是在隔一段时间之后客户对你的好感就会逐步下降。如果再次回访就又会慢慢地回升。所以，在回访客户时需要多次跟踪服务，并遵循一定的规律。

根据人的记忆规律，总结出了这样的规律：对客户的回访最好控制为4次，每次之间的间隔可适当延长，具体如图4-10所示。

在第一次回访之后，要在24小时后重新对他进行回访，因为24小时后是人的记忆下降最猛烈的时候。一过24小时，你第一次回访

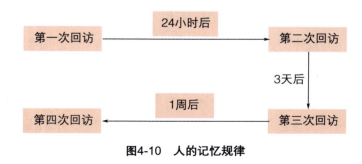

图4-10 人的记忆规律

第 4 章
保持充分沟通：挖掘客户需求，形成基于需求的个性化服务

客户时给他留下的印象基本就消失了。

接下来，应该在3天后第三次跟踪回访，3天后又是记忆上的一个极限点，不同的是这次与第一次相比，时间持久要长得多。当对方提起你时，会对你某一点印象比较深刻。比如，"哦，你是某某公司的小冰吧，我记得你上次传来的资料还在这……"

接下来，1周后又是一个重要的回访时间点。这时，客户对你的印象遗忘率已经达到了70%以上，再次回访就可以让客户保持对你深刻的记忆，以保证在有需要的时候会想起你。

通常情况下，只用4次回访，一周的时间，完全可以给客户留下良好的印象。总之，只要知道了这条规律，就可以用最少的回访次数来达到最佳的拜访效果。

第5章

经营客户关系：

用个性化服务带动企业走向粉丝经济

第 5 章
经营客户关系：用个性化服务带动企业走向粉丝经济

案例导读

蜜雪冰城是一个专为年轻人打造的新潮冰激凌与茶饮的品牌，1997年蜜雪冰城股份有限公司创立，总部位于郑州。20多年来，一直是小众奶茶品牌，随着移动互联网、自媒体的兴起，最近几年迅速吸引了一大批新用户，并且都是铁杆粉丝。

在强大的粉丝经济助推下，蜜雪冰城在全国已经有了2万家门店。蜜雪冰城之所以能获得如此快的发展，与其颠覆传统营销模式有关。比如，对社交平台的应用，与蜜雪冰城有关的相关微博话题多次霸占微博热搜，尤其是其主题曲着实赚足了流量。

2021年，蜜雪冰城发布了主题曲《你爱我，我爱你，蜜雪冰城甜蜜蜜》，还配有品牌吉祥物——雪王。

随后这首歌曲和吉祥物在各大社交平台上广泛推广，让受众看了直呼上头，难以忘怀。主题曲MV上传到了某网站，"魔性"的旋律和简单的歌词让这首主题曲MV收获了超过2000万次的播放量，微博相关话题阅读更是高达20亿次。

随后，网友纷纷在主题曲的基础上进行二次创作，又给蜜雪冰城带来了一波流量。主题曲火爆出圈后，蜜雪冰城线下门店趁机扩大营销，展开"唱主题曲就可以免单"的活动，吸引不少网友去蜜雪冰城门店"打卡唱歌"。

一首"魔性神曲"不仅让大众记住了蜜雪冰城这个品牌，最主

> 要的是市场实现扩展，从原来三、四、五线城市逐渐向一、二线城市的扩张。
>
> 不做新媒体，恐怕会被甩出十几条街。现在很多国货品牌，尤其是新品牌，对各个新媒体营销的特性认知就比较到位，各平台运营得都井井有条，正是充分利用了这些社交平台，做起了新媒体营销，品牌知名度和美誉度得到进一步提升。

经营客户关系，对任何企业而言都十分重要，它深刻影响着企业发展与营收，同时也是升级客户关系的重要举措。

升级客户关系是指将客户转化为粉丝。客户仅仅是为了购买企业的商品，与企业之间仅仅存在利益关系，而粉丝不仅仅购买商品，往往还崇仰企业传递的价值观和文化，直接或间接地宣传企业，宣传品牌和产品。因此，作为企业要积极维护与客户的关系，加深客户对企业的忠诚度，让客户成为企业和产品的铁杆粉丝。

5.1 企业需要忠诚的粉丝

尽管普通客户、粉丝都具有消费能力，但普通客户的持续性消费，远远赶不上粉丝。这也是为什么大多数企业努力"圈粉"。根据马斯洛的分层需求理论得知，人的需求是分层次的，同样产品也是分层次的，可以根据需求被分为不同的层次。

第 5 章
经营客户关系：用个性化服务带动企业走向粉丝经济

同一类产品所面对的群体不同，需求呈现也不同。以服装为例，同样是服装，面对不同需求层次的消费者，它们的价值就不同，如图5-1所示。

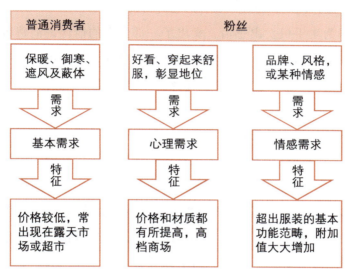

图5-1　服装消费的层次理论

衣服的保暖、御寒功能，是为满足人的最基本的需求，很多人买衣服都是出于此需求。但对一些特定人群，买衣服已经脱离了这种基本需求，逐步向追求心理和情感需求转移。大型商场里的高档衣服价格往往较贵，这是因为除了成本价，还有心理价。消费者购买这么昂贵的衣服，不仅仅是为了"自己穿"，还是向他人"炫耀"的。

还有一种奢侈品类的衣服，消费者消费的是某种情感。比如，对品牌的忠诚，对服饰价值和文化等的热爱，对某种生活方式的认可等,这已经远远超越了衣服的基本功能范畴。而这部分消费者绝大多数不是普通消费者,而是忠诚的粉丝。因此,粉丝是具有高忠诚度的客户,他们的购买行为绝不是简单地为买而买,单纯地消费某个产品,而是在通过消费方式进行自我表达。

华为卖手机卖出感情,卖出了一部分人的情怀,消费者通过购买华为手机也是在表达自己的情感。现在,很多产品都在大打"粉丝牌",尤其是车企,粉丝营销成了很多企业营销工作的重点。

如长安汽车的粉丝互动营销,根植于多功能车用户群的"欧悦会",目前已经有30万人。就连总裁、高管也开通了微博成为"大V",吸引了不少粉丝参与。奇瑞汽车则广邀全国粉丝参与新车发布会,在第五代瑞虎3的上市发布会上就邀请了100多位来自全国各地的粉丝,大谈奇瑞情结,也是粉丝营销中的典型。东风柳汽则是将粉丝营销进行得更彻底,2015年东风风行便启动了营销升级转型,通过大规模、高品质、精细化营销升级,细挖粉丝群体和保有客户,通过提高客户满意度进而达成品牌忠诚度的提升。

粉丝在品牌、产品传播、扩大影响力方面发挥着至关重要的作用,尤其是带来的"裂变"能为品牌带来巨大的价值。

5.2 实现粉丝营销的两种方式

在认识到粉丝对营销的促进作用后,接下来就是如何落地,即如何做好粉丝营销。企业实现粉丝营销方式通常有两种:一种是通过在线社区，做社群；另一种是通过微信、微博等社会化媒体平台，进行精细化管理。

5.2.1 打造社群

粉丝经济核心在于社群，因此做好粉丝营销的前提是运营好社群。那什么是社群呢？简单理解就是很多人聚集在一起而形成的群体，但社群又不同于普通的群，最根本的区别是社群需要基于一定的社交关系，如图5-2所示。

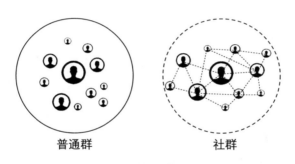

图5-2 普通群与社群的区别

社群重点在于它的社交性，如果将"社群"两字分开来就很容易理解了，社群=社交+群体，或社交平台+社交方式。就像在人人网、微博、微信，或者其他任何一种社交工具上的群都是这样的行为，每个群背后都承载了一个平台。只有有了这种工具的搭建，并形成某种社交关系，才能称作为社群。

在建立社群之后，还需要投入专门的人力、物力和财力进行管理和运营。社群就像是企业的一个部门、一个团队，只有在科学、合理的运营基础上才能正常运转，发挥自身的作用。

关于社群的运营，可以通过一个实例来详细了解。

【案例5-1】

公司：小米

产品：小米手机

社群：论坛

步骤：

第一步：明确品牌定位，将用户定位于"发烧友级极客"的圈子，吸引铁杆粉丝，一步步滚大雪球。

第二步：寻找目标人群喜欢聚集的平台，考虑到论坛太过封闭，小米手机在发展之初同时将微博作为扩展粉丝团的重要阵地。

第三步：培养意见领袖，具体做法是针对铁杆粉丝进行小规模内测，第一批铁杆用户便如同星星之火开启了小米产品营销的燎原之势。而在大规模量产和预售阶段，粉丝团便成了强大的营销后盾，人人成为推广员。

此后，便真正开启了粉丝营销模式，该模式不仅将成千上万的米粉联结到一起，还形成了自己的商业模式，一个人随时可以知道其他人在说什么，在做什么。整个米粉群体变成一个互相连接、规模很大的社群，而这些都将成为小米公司未来的重要资源。

随着小米以社区粉丝为基础的营销模式被广为传播，"在线社区"式的粉丝营销已经成为业内最普遍运用的一种方式。当然，它不再仅仅局限于早期在社区、论坛上发布活动的预告、植入广告那么简单，而更多的是与群成员互动起来，企业想让用户试产品、提意见，了解用户平时都是怎样做购买决策，以及刺激用户帮助企业做口碑传播……通过社群，企业从粉丝那里可以获取更多。

于是，越来越多的企业开始建立一个属于自己的在线社区或者其他形式的论坛，吸引活跃粉丝在社区上互动。越来越多的案例证明，在任何一个社交平台上，有"人"就有一切，就可以衍生出各式各样的商业机会。

有些企业还将社群所聚拢的用户资源开放给更多的企业。当然，企业的目的在于基于用户的需求、围绕着自身所在的产业链，吸纳更多的企业，从而为用户提供更多、更全面的服务。但在客观上，企业的这种客户资源的共享为更多的企业提供了客户资源和市场机会，而社区的"特定品牌"标签也因此会弱化，更容易增加对潜在客户群的吸引力。更为重要的是，"企业的无私奉献"不仅会增强用户黏性，增加社区吸引力，还会创新企业的盈利模式。

企业不再单纯依靠销售产品与服务获得收入，而是可以收取其他入驻平台企业的广告费、入驻租金，更进一步，企业可以利用社区中沉淀的用户数据，为其他企业提供更为深度的数据服务。

5.2.2　建立互动社交平台

随着社群营销的兴起，微博、微信、QQ等成为很多企业热衷的工具，每家企业无论大小，都希望借助这样相对低成本的工具，与消费者进行近距离的沟通，将一些营销信息精准传递给消费者，或为消费者提供更为便捷的服务。粉丝也会借助类似的移动工具口口相传，将企业带到更多的互动过程中。

其实，也正因如此，不少企业放大了微博、微信等这些社交工具的价值，在推广时往往也只关注粉丝的数量，从而导致出现盲目追求粉丝的浮躁之风，将追求粉丝量的增长当成唯一的目标。

无论微博还是微信，之所以成为宣传与营销的重要工具，是因为它们的存在拉近了粉丝与企业的距离。如果盲目追求粉丝量，不注重产品和服务的提升，不注重粉丝的真正需求，就偏离了做粉丝营销的初衷。这时就需要在粉丝管理上进行"精细化"管理。

在企业管理中精细化管理已经大行其道，所谓的精细化就是强调在运营过程进行的管理，重在对过程的控制，通过积累过程中的各类数据指导实践中的运营。

对粉丝进行精细化管理首先要找准粉丝的兴奋点，粉丝对企业品牌、产品信息的传播是需要基于一些兴奋点的，而这些兴奋点彼此之间是有差异的，有的可能单纯对各类优惠活动有兴趣，有的则可能关注产品或者行业的信息，只有在运用中不断记录每个互动粉丝的偏好（也就是对每个互动粉丝进行标签标记），才能"投其所好"，通过粉丝的传播实现营销效果的最大化。

其次，精细化管理还需要注重运营数据的积累与分析。在微博、微信等社会化媒体的运营中，不仅需要对粉丝进行标签化，同时还需要记录下粉丝与"官微"（微博或微信）所有互动的行为，不仅需要知道是谁与我们互动，还需要知道他在什么时候与我们互动、互动了哪些内容。

5.3 粉丝忠诚度的构建与培养

在互联网咄咄逼人的冲击下,传统营销理论逐渐被新的理论无情取代。"粉丝迷恋周期"之于"产品生命周期"的颠覆就是一个典型的例证。在传统商业世界,"产品生命周期"以"年"为计量单位,而在互联网商业世界里,"粉丝迷恋周期"则以"月",甚至以"日"或"小时"来计算。

粉丝在购买力、消费持续性上有很大优势,但这也对企业提出了更高的要求,因为粉丝的留存率很低。在这样严苛的背景环境下,粉丝忠诚度的构建与维护就显得尤为重要。毕竟,任何企业、品牌或产品不希望粉丝对自己的迷恋周期长一点、久一些呢?谁愿意成为随时失去粉丝关注的"易碎品"呢?

因此,对于企业而言,构建、维护粉丝忠诚度十分重要。构建、维护粉丝忠诚度最有效途径就是健全服务机制,提升服务质量,用最人性化的服务留住人心。

5.3.1 完善客户信息

粉丝信息对于企业而言十分重要,企业根据粉丝信息,可以确定该粉丝是否会购买产品。掌握粉丝的信息,才知道粉丝需要什么,由此提供粉丝需要的东西,就是企业在开发市场。企业需要粉丝的支持,而当粉丝推出新产品之后,有粉丝购买,那么就是粉丝对企业的响应,证明企业收集到的粉丝的资料是有用的,企业针对粉丝的资料作出的选择是正确的。

粉丝看重什么,企业就发展什么,粉丝需要什么,企业就生产什么，这样会越来越提高粉丝对企业的满意度。

企业会对自己所运行的市场进行分类，对于不同的市场就会有不同的粉丝群体，为了印证粉丝所在的市场，粉丝分类企业会做反复的核实和分类。通过粉丝的基本信息，购买历史来判断粉丝的特征，在不同的企业中，一个粉丝所在的粉丝群也是不同的。

为了企业的发展，企业在开发项目之前就要确定这款产品是否会有相应的目标粉丝，如果没有购买的对象，那么产品的生产是没有任何意义的。最开始为了产品的时长，产品的设计都是根据目标粉丝的爱好设计的，甚至在产品的种类设计上也要按照不同的粉丝爱好来设计，虽然这样是为了产品的销售，但是其中的风险也是不容忽视的。

产品从创意到生产再到上市要耗费很长的一段时间，没有人可以确保粉丝的喜好在这段时间内没有变化。因此，及时完善粉丝信息，根据粉丝信息制定销售方案，非常重要。

5.3.2 精准分析粉丝需求

了解并掌握粉丝的需求，分析粉丝的需求。从粉丝曾经的购买行为能够预测出粉丝今后的购买行为，同样对营销预测也有很大的帮助。如果不能用粉丝需求回答一些问题，那么说明你没有细致地分析这些需求。

每个企业对于粉丝的把握都是不同的。做到对粉丝的真正了解，不仅要掌握粉丝的需求，比需求更加重要的是掌握粉丝的需求数据和市场数据，有足够的粉丝关系数据就能对粉丝作出更加准确的粉丝群细分。

整理需求之前，先将粉丝的需求全部拿出来，摆出来，制定粉丝群细分的标准和目标，这对粉丝群细分的精准度有十分重要的影响。然后综合粉丝关系需求，总结市场需求，整理其他没有用到的需求，每隔一段时间都进行一次需求的整理。

整理需求之后还要判断需求。通过对粉丝需求的判断总结这个粉丝可能给企业带来的价值，利用粉丝的购买行为判断粉丝在市场中的角色和地位。即使是企业素未谋面的粉丝，企业也能有所了解，有所判断：这个粉丝对自己的产品是否有需求，是否可能成为企业的潜在粉丝，是否可能和企业有合作关系，等等。通过粉丝的需求，这些企业都能作出预测。如果有可能，那么企业就会开发这些潜在粉丝。所有的粉丝都不是凭空而来的，新粉丝的来源都离不开企业的内部粉丝需求和企业的外部市场推广。

5.3.3 创建粉丝需求组合

一款产品的推出不能满足所有粉丝需求，因此企业还要根据粉丝需求组成粉丝需求组合。在设计需求组合时，企业需要遵循一定的原则以确保产品开发的顺利进行和市场推广的有效性。以下3点是企业在设计需求组合时需要注意的关键要素。

（1）需求组合应符合产品的整体定位和品牌形象

这意味着企业要将产品的核心价值作为出发点，确保需求组合不会偏离产品的本质。产品的整体定位和品牌形象是企业在市场竞争中的核心竞争力，因此，在设计需求组合时，企业应充分了解市场需求，结合自身优势，明确产品差异化策略，从而确保产品在市场中脱颖而出。

（2）需求组合应充分考虑不同粉丝群体的需求和偏好

在当今信息爆炸的时代，消费者对产品的需求和期望日益多样化。企业要想满足众多消费者的需求，就必须细分市场，深入了解不同粉丝群体的喜好。通过分析消费者的购买行为和需求，企业可以制定出更具针对性的需求组合，以满足各类消费者的期望。

（3）需求组合应具有可操作性和可实施性

企业在设计需求组合时，不仅要关注产品的功能和性能，还要关注产品的开发难度和市场推广的可行性。需求组合应确保产品开发过程中的各个环节能够顺利进行，同时，市场推广团队也能根据需求组合制定出有效的推广策略。这样，企业才能在激烈的市场竞争中取得优势。

5.3.4 记录并处理粉丝数据

随着企业的发展，重视了对粉丝的管理，许多企业都建立了自己的数据库营销团队。数据库营销团队掌握着企业全部的关于粉丝的资料和数据，通过粉丝的信息和数据，他们会建立一个针对不同的粉丝的营销方案。

除了记录，重要的还是将信息用到实际中去。通过处理粉丝的数据能够获得什么呢？

(1) 找到有类似特征的粉丝群

企业在项目的发展上就像是下棋，一招不慎满盘皆输。在项目实施之前，企业一定都做过详细而长期的调研，确定有粉丝支持，而且目标粉丝的数量一定不在少数。项目中的产品不管是功能上还是外表上都满足了多数粉丝的要求。

项目产品的粉丝群有多少个群体，产品可能就有多少种，确定项目产品的目标群体，是一个项目产品开发的原因，也是一个项目产品开发的第一步。

(2) 知道企业的数据库里缺少哪些数据

对于粉丝的工作，永远都没有做完的时候，粉丝的欲望也是无限的，因此在不断收集粉丝的资料时，可以对粉丝资料进行对比，除了基本信息之外，粉丝的资料都是参差不齐的。因此将两位粉丝的资料进行对比，就知道这个粉丝还缺少哪些数据。知道了缺少的数据，营销团队工作起来就有了方向。就可以根据缺少的资料去了解粉丝。

(3) 注重粉丝数据质量

高质量的粉丝数据，即使是少量都能帮助企业发展。为此追求质量不追求数量也是数据库营销团队的工作理念。即使收集粉丝数据的时候保证信息没有问题，也不能保证信息在录入系统的时候不出现错误，不要小看这个错误，很多企业都在这个过程出现错误，栽了跟头。为此，很多企业还推出粉丝数据审查团队来负责这项工作，每隔一段时间检查数据库内粉丝的信息是否准确，经过反复核查确保数据的精准。

5.3.5 健全粉丝反馈机制

粉丝本身代表着对企业品牌的黏性，对树立企业形象，扩大品牌影响力有着重要的推动作用。因而，粉丝常常被很多企业认为是一股潜力十足的力量，有了粉丝的支持，很多传播就会自动自觉地扩散出去。

但是，如果简单地认为只要拥有足够多的粉丝就万事大吉，那就大错特错了。粉丝的行为无论是主动性的，还是被动性的，都会有一定的盲目性、不牢固性和从众性。这些行为有时候反而会伤害到企业，影响到品牌的传播。

【案例5-2】

号称最强大的粉丝经济拥有者——苹果公司，经过长久的风吹雨打后，已经拥有不少的铁杆粉丝，但同样不能保证其"牢固性"。

苹果公司于2013年9月份曾推出过一款产品iPhone 5C，可这款产品在上市后，销量和评价都与预期的截然相反，原来在很多粉丝看来这款手机价格过于便宜，外观过于寒酸，有碍于使用苹果手机的身份（苹果一直走的是高端路线，"果粉"也是因其显示身份而忠诚）如今推出一款低端手机就会令不少人接受不了。

iPhone 5C推出后带来了很多的负面作用，不仅降低了品牌的定位，还让不少铁杆粉丝对其忠诚度有所下降。

【案例5-3】

开心网也是粉丝"倒戈"下的不幸者。很多人一定还记得曾经风靡一时的"偷菜"游戏,这款游戏曾经迷恋了千万年轻男女,吸引了不少忠诚的粉丝。很多人利用工作、上课的间隙,甚至深夜不睡觉、凌晨早起也要打开电脑,就是为了去偷那么一两棵"菜"。

一款偷菜游戏令开心网可谓是红极一时,聚集了大量的粉丝。可是,这种好事并没有延续太久,一两年的时间就遭遇了粉丝的抛弃。

究其原因是这款游戏创新不够,后续新功能、新应用跟不上。其实,不仅是因为产品自身出现了问题,更重要的是粉丝产生了审美疲劳,从一开始的热捧到马上厌弃,根本没有给出进一步优化和创新的时间。很多用户起早贪黑地"偷菜"只是图一时新鲜之感,一旦这个新鲜感过去之后,就会开始产生厌倦心理,弃之离去也是必然的。

那么,粉丝为什么会出现这种行为反差呢?因为之所以能够成为某款产品的粉丝,就是因为对其的忠诚度高,而忠诚度一旦达到一定程度,相应地就会对企业、产品的预期有了高标准,一旦无法推出符合或者超过粉丝们预期的产品,那么便会非常失望,粉丝的失望对企业或品牌来讲就是坍塌性的灾难。

综上所述,粉丝这个群体其实并不稳固,何况还有很多伪粉丝充斥其中，也会带来很多的不可预测性。粉丝行为只有在进一步控制、约束或引导下，才能沿着正确的方向传播，才能更有利于企业的发展，否则，反而会适得其反。

让粉丝这股力量持续不断地为企业服务，并形成一个良性循环，就需要企业内部建立一个科学、完善的粉丝反馈机制，以便及时掌握粉丝的行为，并进行观察、分析和监督。

在监督与反馈过程中，敏锐的洞察力与制度化的措施极为重要，前者是正确认知的过程，后者是合理充分应用的保证。在做好粉丝的反馈工作上应从以下2个方面做起。

5.3.5.1　建立多种形式的反馈渠道

做好粉丝的反馈工作，首先必须建立畅通无阻的反馈渠道，这是粉丝进行有效反馈的保障。信息反馈的渠道通常可分为两大类，一种是线下反馈，一种是线上反馈。

（1）线下反馈

① 书面报告反馈。书面报告，是一种非常正式的反馈形式，也是工作反馈中最有效、最稳固的一条途径。通常是指对方以文字报告的形式向企业或企业相关部门阐述产品使用过程中遇到的问题，或提出的改进意见和建议。

这种形式最大的优势在于比较正式，直达性比较强，很少受到外界人为因素的影响，能引起企业或相关部门的重视。劣势在于互动性较差，大都限于信息的单向流动，反馈效果不会马上显现出来。

② 会议沟通反馈。会议沟通也是一种比较正式的反馈形式，也是大多数企业惯用的一种方式。会议沟通通常是指邀请一部分粉丝代表，与企业及相关部门人员就某个问题展开讨论，进行互动。

这种形式的优势是互动性强，有利于意见或建议充分表达，而且就某个问题交流更容易达成一致。劣势在于无法针对大多数人展开调查，涉及面窄，所反馈的内容也十分有限，无法代表大多数人的意愿。

③ 一对一面谈反馈。一对一面对面的沟通方式，与前两种相比运用得比较少，它是一种双方单独面谈的反馈方式。优势在于可以就某个问题展开深入交流，针对性要更强，从而也能够有针对性地提供帮助，找到解决途径。同时，能给粉丝更多尊重和表达意愿，建立起融洽的交谈氛围；唯一的不足之处是只限于少数高端粉丝，且需要因人而异地制定出沟通策略，解决方案。

（2）线上反馈

线上反馈主要是指企业利用自媒体平台、App以及一些应用软件，建立起一个与粉丝互动、交流的桥梁。通过这个桥梁粉丝可随时表达自己的意见和建议，企业也可随时获取粉丝的反馈，并对反馈的问题进行相关解决。

其实，在自媒体、新媒体异常发达的今天，从线上来获取粉丝反馈会更便于工作的开展，可全面、及时地了解信息。同时，还有很多其他优势，如提供语音、截图等多种反馈形式，以使反馈内容更丰富；增加实时推送功能，便于用户及时获得信息的反馈结果。

利用线上反馈渠道也会使运营者处理问题更高效。当粉丝反馈信息时，就会立刻传到后台，开发者可随时随地查看反馈的内容，假如是语音还可自动识别为文字，这大大提高了处理问题的便捷性和能力。

鉴于线上反馈的便捷性、高效性，运营者应该侧重于做好线上反馈的渠道建设。

5.3.5.2 对粉丝的反馈信息进行分析

对粉丝行为进行分析是做好反馈工作的前提，因为这是一个对分析行为进行了解的过程，只有经过充分的了解，才能做好分析和辨别工作。

如对粉丝反馈的问题通过标签功能进行归类，将问题分为需求类、缺陷类、活动类、账号类等，做结构化整理。再者就是对粉丝提出的问题要及时处理，并给予满意的答复。这就涉及问题的解决效率，什么问题由谁来解决必须明确起来。

【案例5-4】

惠普在客户反馈问题上的处理是非常高效的，这在行业内被称为美谈。在惠普，明确规定：所有的客户投诉，必须在第一时间内通报公司的质量管理部门（备案）；如果是属于自己管辖的问题，就要抄送自己的顶头上司；如果不是自己管辖的问题，就把问题转到相应的部门员工那里，并抄送对方的上司和自己的上司；只有接到对方确认接受并同意处理该问题后，才能告诉客户已经把什么问题转到谁那里处理，今后由谁负责。

当接到客户的投诉时，还要求必须通报公司的高层。惠普有严格的规定，什么性质的问题，由什么层次的人来解决，员工不能自作主张，觉得这个问题自己能够处理，就把问题压下来，直到最后实在掩盖不住了，才告诉质量部门或公司高层。质量管理部门会跟踪所有客户投诉，检查当事人的处理情况，只有得到客户的认同后，所投诉问题才算最终解决。

第6章

老客户个性化服务策略和技巧

第6章 老客户个性化服务策略和技巧

案例导读

　　海底捞是一家知名餐饮企业，虽然是一家火锅店，但它的核心业务却不是餐饮，而是服务。自成立以来，海底捞便以其独特的服务赢得了广大消费者的喜爱，在后来30年的发展历程中，在服务细节和创新上不断完善，最终形成了一套独特的服务体系，成为业界纷纷学习的典范。

　　最具代表性的是2004年，这一年是海底捞成立的第十年，也是进军北京的第一年。来到京城这个大市场，海底捞便开始了一场对传统标准化、单一化服务的颠覆革命，而这也成为海底捞真正能留住回头客、老客户的法宝。在海底捞，客户能真正有"上帝"的感觉，这种服务"润物细无声"地沁入用餐每个细节。当客户在用餐期间，享受到超体验服务时，就会甘心将就餐经历和心情发布在网上，这些分享会吸引越来越多的人到海底捞，一种类似于"病毒传播"的效应就此显现。

　　那么，海底捞有哪些服务呢？

　　如果是在饭点，每家海底捞都几乎是一样的情形：等位区里人声鼎沸，等待的人数与就餐的人数几乎相同。等待是一个很煎熬、痛苦的过程，而海底捞却把等待的过程变成了一种愉悦：手持号码等待就餐的客户一边观望屏幕上打出的座位信息，一边接过免费的水果、饮料、零食；如果是一大群朋友在等待，服务员还会主动送上扑克牌、跳棋之类的桌面游戏供大家打发时间；

或者趁等位的时间到餐厅上网区浏览网页；还可以来个免费的美甲、擦皮鞋。

待客人坐定点餐的时候，围裙、热毛巾会一一奉送到眼前。服务员还会细心地为长发的女士递上皮筋和发夹，以免头发垂落到食物里；戴眼镜的客人则会得到擦镜布，以免热气模糊镜片；服务员看到你把手机放在台面上，会不声不响地拿来小塑料袋装好，以防油腻……

每隔15分钟，就会有服务员主动更换你面前的热毛巾；如果你带了小孩子，服务员还会帮你喂孩子吃饭，陪他们在儿童天地做游戏；为了消除口味，海底捞在卫生间中准备了牙膏、牙刷，甚至护肤品；过生日的客人，还会意外得到一些小礼物……如果你点的菜太多，服务员会善意地提醒你已经够吃；随行的人数较少，他们还会建议你点半份。

用餐后，服务员会马上送上口香糖，一路上所有服务员都会向你微笑道别。

"只打了一个喷嚏，服务员就吩咐厨房做了碗姜汤送来，把我们给感动坏了。"很多客户都曾有过类似的经历。孕妇会得到海底捞的服务员特意赠送的泡菜，分量还不小；如果某位客户特别喜欢店内的免费食物，服务员也会单独打包一份让其带走……

毫无疑问，这样贴身又贴心的"超级服务"，经常会让人流连忘返，一次又一次不自觉地走向这家餐厅。

上述案例足以说明留住老客户的重要性,想办法留住老客户,是企业自始至终在做的一件事情。

一味地通过吸引新客户来实现自身发展,是很多企业最常犯的一个错误。两者之间的比较,老客户比潜在新客户更加重要。所谓"重要"可以具体为将更多的公司资源作用于现有老客户,使现有客户价值最大化。从开发成本上看,开发新客户成本更高,业界普遍认为是维护老客户的5倍,维护好一个老客户,可能比100个新客户给企业带来的利益更多。

6.1 老客户是企业的宝贵资源

企业不要只想着客户拉新,还要做好老客户的留存工作,让客户多次、高频次购买。如果每个客户都是一锤子买卖,复购率低,对企业是十分不利的,从短期看会大大增加获客成本,从长期看,会削弱前进的动力,压缩生存空间。

老客户越多,说明企业提供的产品、服务越好,企业利益越符合客户的利益。老客户都是已经购买过或使用过产品、服务的人,并且仍有潜在的重复购买的机会和口碑传播的价值,因此,对企业而言,老客户是非常难得的资产。

老客户的重要性主要体现在如图6-1所示的3个方面。

(1) 老客户是企业生存基础

企业想要长期生存发展,老客户就是最重要的一部分,老客户对于企业的生存和成功至关重要。以下是为什么说老客户是企业生

图6-1 老客户的重要性

存基础的3大原因。

① 能够保持企业稳定收入。老客户通常会持续购买产品或服务，这保证了一定的收入。与新客户相比，与老客户的交易更容易进行，并且他们更有可能进行重复购买。因此，积极维护和满足老客户的需求，可以确保稳定的现金流和业务增长。

② 带来和影响新客户。满意的老客户往往会向他人推荐企业及其产品，这是宝贵的口碑营销机会。通过提供出色的产品和优质的服务，可以激发老客户成为品牌大使，推广业务并带来新客户。这将进一步扩大客户群体，增加销售机会。

③ 降低客户维护成本。企业的生存和发展，就是要不断创造利润，但同时也要控制成本。与新客户相比，维护老客户的成本较低。企业已经建立了与他们的良好关系，并了解了他们的需求和偏

好。与新客户相比，不需要花费大量时间和资源来争取他们的信任和业务。因此，通过重视老客户，可以在营销和销售方面实现更高的成本效益。

同时，还可以节省时间成本，不同于新客户的不信任，老客户已经购买过企业的产品/服务，不会一而再再而三地确认各种信息，如果使用后感到满意，当需要的时候就会直接下单，不会犹犹豫豫。所以，在创造同样的利润的情况下，老客户会用更短的时间。

（2）老客户为企业寻找更多商机

企业要持续发展，就要不断创新。老客户在购买使用产品/服务后，不但是消费产品和享受服务，还可以通过反馈帮助企业认识到自身的不足，哪里有问题哪里往往就意味着商机。因此，企业在与老客户交流时，不但要了解其带来的业绩，更要了解到背后的问题，通过问题挖掘更多商机。

与老客户建立长期合作关系，可以为企业提供更多的交叉销售和附加销售机会。因为已经建立了信任和良好的关系，可以更轻松地向他们推广新的产品或服务。此外，他们也更愿意接受企业的建议和意见，从而帮助企业实现更大的交易价值。

（3）老客户是企业的"活招牌"

老客户是企业产品/服务的长期使用者，对企业产品/服务了解更多，他们会主动去帮助企业传播产品/服务口碑，帮企业树立良好的形象，增加新客户对企业的认知和信任。可见，老客户作为企业的"活招牌",将促进品牌口碑的积累,吸引更多潜在新客户。

6.2 个性化服务是留住老客户的法宝

很多企业一心希望开发更多新客户,而忽视了对老客户的管理。老客户是基石,是后盾,没有老客户,再多新客户也难以留住。因为,新客户会向老客户看齐,一个企业老客户越多,代表可信度、美誉度越高。

可见,老客户是至关重要的,那么,企业如何做好老客户的工作,留住老客户呢?如图6-2所示是可以帮助企业留住老客户的一些方法。

图6-2 留住老客户的6个方法

(1)优化服务

确保为老客户提供持续的优质客户服务,回应他们的问题和需求,并提供及时而准确的支持。确保企业销售团队和客服团队经过充分培训,以提供卓越的客户体验。

(2) 个性化营销

了解老客户,包括他们的购买历史、偏好和需求。根据这些信息,定制个性化的营销活动,向他们提供定制的优惠,推荐相关产品或服务,设置专属礼品或活动。

(3) 定期沟通

与老客户建立更深入的联系和关系。定期与他们进行沟通,例如发送节日问候、生日祝福或定期更新邮件等。通过保持联系,展示对他们的关注和关心。

(4) 持续关注

保持对老客户的关注并了解他们的变化。关注他们的业务或事业发展,以及与产品相关的需求变化。有时候,老客户可能会有新的需求或问题,需要持续关注以满足他们的需求。

(5) 奖励忠诚

对于长期忠诚的老客户,提供一些特别的奖励和优惠。这可以是积分、折扣、免费赠品等,通过奖励忠诚,增强老客户的满意度和忠诚度。

(6) 寻求反馈

定期向老客户征求反馈,了解他们的满意度和建议。重视老客户不仅可以增加他们的忠诚度,还可以促进他们为企业进行口碑传播。同时,与老客户建立良好的关系也可以为企业带来稳定的收入。

6.3 完善资料，构建老客户管理体系

老客户档案是构建老客户管理体系的基础，而老客户管理体系又是老客户管理的重要依据。

6.3.1 建立老客户档案

老客户档案非常重要，因此，对于企业而言要建立完善的老客户档案。目前，大多数企业没有老客户档案，或者有，也非常不完善。老客户档案应该包括如图6-1所列的几个方面。

表6-1 老客户档案的内容

内容	详情	作用
基本信息	如姓名、联系方式、地址等	有助于企业与客户进行日常沟通交流
购买历史	记录老客户购买历史，包括购买产品/服务、购买日期、金额等	有助于企业了解客户的购买偏好和消费习惯，为个性化营销提供依据
跟踪互动记录	与老客户的互动、沟通情况，包括电话交流、电子邮件往来、在线聊天记录等	有助于企业了解客户需求、反馈和问题，并提供更有针对性的解决方案
活动参与反馈度	记录老客户参与的活动，如研讨会、促销活动、客户反馈调查等	有助于评估客户对业务的参与度和满意度，并根据其反馈改进产品和服务
问题和投诉记录	在老客户档案中记录任何问题或投诉，并跟踪解决的过程	有助于企业追踪客户遇到的问题，确保问题得到及时解决
关键信息分享	确保在整个组织范围内共享客户档案中的关键信息	有助于企业帮助其他团队成员了解客户情况，并为提供一致性和个性化的客户服务提供支持

续表

内容	详情	作用
客户隐私保护	在建立老客户档案时,务必遵守相关的数据隐私和保护规定	确保对客户信息进行安全存储和处理,并获得客户的同意,仅在合适的情况下使用其信息
客户关系管理(CRM)工具使用情况	考虑使用专业的CRM工具来管理和记录老客户档案	CRM工具可以帮助企业集中存储客户信息、记录互动、安排任务和活动,以及生成报告和分析

通过建立老客户档案,企业可以更好地了解和管理老客户,为客户提供个性化服务,增加其满意度和忠诚度。这有助于维护长期合作关系,并为企业的业务带来稳定的收入。每个企业经营的业务不同,目标客户也不同,因此客户档案内容也可能会有所不同。不过,万变不离其宗,绝大多数客户档案至少要包括上述内容。

需要注意的是,如果是非个人客户,还得进一步了解客户所属企业,以及其在企业中的职位、职责等相关情况。

(1) 老客户所属企业信息

如果是非个人客户,还需要搜集老客户所属企业信息,包括企业名称、组建时间、注册资金、规模大小、员工人数、经营范围、业务性质、主要管理人员信息及最近三年来的盈利情况。

总结起来,有如表6-2所列的4类。

表6-2 老客户所属企业信息

内容	详情
基本信息	公司全称、注册地、注册资本、总机电话、所在行业、规模、经营时间、信誉级别、付款方式
产品信息	主要产品,所需产品种类、需求量、现有供应商等
特征信息	资金实力、固定资产、发展潜力、经营观念、经营方向及历史等
业务状况资料	盈利状况、销售变动趋势、内部人员素质品行、与本公司的业务关系及合作态度

（2）老客户在企业中的具体情况

虽然面对的是企业类客户,但如果想深度合作还是需要通过某个具体的个人,这时就需要了解那些能真正代表企业客户的人,并通过掌握的信息,分析该人能否在合作后期带来所希望的结果。

所以,在建立企业类客户档案前,需要了解代表该企业的具体人信息,如与企业的关系,在企业中担任的职位、负责的业务,权力大小,是否有最终决策权,等等。

（3）团购消费行为

非个人客户在消费时多为团购,团购具有量大、时间长、决策谨慎等特点。团购行为与个人消费行为有很大的不同,为了更好地满足团购客户的需求,应该搜集与团购有关的信息,具体如图6-3所示。

这些信息的收集工作是需要耗费大量的时间和精力的,也是企业构建客户档案阶段最重要的工作。

第 6 章
老客户个性化服务策略和技巧

图6-3　应了解的企业类客户团购信息

6.3.2　多方搜集老客户资料

在完善老客户档案的过程中，需要不断搜集和更新客户资料，那么，通过什么渠道来搜集更多的客户资料呢？可以通过如图6-4所示的5种途径。

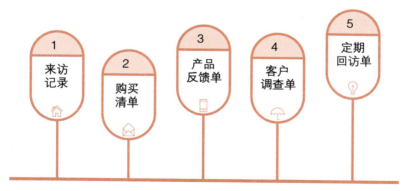

图6-4　完善老客户资料的5种途径

（1）来访记录

老客户来访记录都是重要的信息，例如老客户的姓名、性别、电话号码、电子邮箱、对产品的要求、能接受的价格、希望配送的渠道、希望得到的服务等。然而，在整理这些信息的时候也不要全部相信和记录，还要参考老客户后续与企业的沟通情况。

（2）购买清单

老客户的购买清单不仅仅是一份简单的消费记录，更是一个深入洞察消费者行为和喜好的重要工具。通过老客户购买清单，可以得知他们的消费习惯和偏好/消费水平和购买力等。甚至根据这些可以预测下一次购买时间，可能有什么特殊要求等。

（3）产品反馈单

如果说老客户登记的时候可能会填写虚假信息，但其在填写保修单的时候一定不会填写假的信息。产品反馈单是企业客户购买一件产品之后产品出现了问题，需要企业维修，这时只有保修单上填写正确的信息才能收到维修好的产品。老客户填写的保修单上的信息是最有用、最全面的，也是最真实的。

（4）客户调查单

企业在促销或者店庆的时候也经常举办抽奖活动，通过老客户购买产品的单号作为抽奖号码，为了方便联系中奖的老客户，会在参加抽奖活动之前要求老客户填写基本信息，或者赠送老客户礼品、优惠券、抵用券、现金券等。这些只要是和老客户的实际利益相关联的，都会让老客户感兴趣，并且怀抱希望，这些免费礼品和优惠会挖掘出许多潜在老客户。

关于抽奖活动，每个人都希望自己能够中奖，不会把机会让给别人，所以他们不仅会认真仔细地填写信息，填写信息后还会反复核查信息是否正确。

（5）定期回访单

还有很多机构通过回访得到老客户的信息。老客户购买产品之后，对于企业来说一件重要的事情就是获取老客户对产品的反馈。这项服务可以完全决定潜在老客户是否会成为企业的现有老客户。如果老客户反馈好，那么，老客户就会完成从潜在老客户到现有老客户的转变。如果反馈不好，那么企业要作出补救措施，态度越诚恳，挽救的可能越大。

为了反馈能够及时有效，员工应该采用电话、面访等有效方式。企业建立员工和老客户定期沟通的规则，掌握老客户的内心动态，对产品的反馈，对服务的反馈，对企业的反馈。拥有老客户信息的企业有很多，但是拥有老客户反馈信息的企业并不多。

老客户资料的建立不是要求冷冰冰的文字，而是让档案变成活生生的，有温暖的，让老客户变成有效的文字，才没有白白记录老客户的信息。对老客户信息进行及时沟通，及时更新老客户的信息，才能越来越了解老客户，提供准确的服务。

例如，一家运动鞋商店，要收集的信息包括老客户的姓名、性别、年龄、家庭住址、移动电话、电子邮箱、过往购买时间、喜欢的鞋子款式、鞋子码数、身体特征、购买鞋子的目的、用处、购买产品的价位。这些信息对企业十分重要，但却是不能用钱买到的，而是要销售人员用心收集。

对企业来说，真正的老客户不是站在店里看产品的客户，而是那些对产品感兴趣的客户，为此，企业要把销售人员放到企业外围，让销售人员到外面做市场调研，通过不同的方式去和客户沟通，填写市场调研表，建立老客户资料。

6.3.3 整理，并分析老客户资料

通过各种渠道搜集而来的信息，可能有虚假信息，这就需要相关人员进一步鉴别、分析，去伪存真，从中提取出有价值信息。经过详细整理、科学分析而得出的有价值信息，才能称得上是档案形成的依据和基础。

那么，在具体分析时，应该按照什么样的步骤进行？

（1）数据清洗和整理

对收集到的数据进行清洗和整理，确保数据的准确性和一致性。删除重复数据、修复缺失值、处理异常值等。

（2）筛选关键指标

根据业务需求和目标，确定需要分析的关键指标。例如，客户的购买频率、消费金额、产品偏好等。

（3）分析客户行为

通过统计分析方法，对客户的行为进行分析，了解他们的购买习惯、消费偏好、活跃度等。可以使用数据可视化工具，如图表、报表等，以便更好地理解和解释数据。

（4）客户细分

根据客户的特征和行为，将客户进行细分。可以采用聚类分

析、分类模型等方法,将客户划分为不同的群体,以便更有针对性地制定营销策略。

(5) 预测客户价值

利用历史数据和人工智能算法,预测客户的未来行为和价值。例如,预测客户的购买概率、生命周期价值等,以便制定相应的营销计划。

(6) 提取洞察和建议

根据分析结果,提取关键洞察和建议。例如,发现某一类客户具有较高的忠诚度,可以加强与他们的互动;发现某一类产品受欢迎度较高,可以加大相关市场推广力度等。

通过对老客户资料的分析,可以更好地了解客户需求,提升客户满意度,优化营销策略,并为业务发展提供指导。

6.3.4 对老客户档案进行分类

为了便于对老客户档案的使用、查阅和管理,常常需要对客户档案进行分类,形成不同标准的档案。然而,对客户档案的分类并不能随意进行,而是需要根据明确的标准。比如,按照客户主体分、按照合作时间分、按照业务性质分等。

如图6-5所示是最常用的3种分类方法,其中,"按照客户主体分"和"按合作时间分"比较好理解,最难的是第三种"按照业务性质分"。由于业务类型的多样化,如果真正执行起来比较繁杂,再加上,如果执行人员对业务员不太熟悉的话,有可能出现重复或漏掉信息的状况。

1. 按照客户主体分,张三档案、李四档案、王五档案等;
2. 按照合作时间分,2020—2021年度档案、2021—2022年度档案、2022—2023年度档案等;
3. 按照业务性质分,购买历史档案、客户反馈和评价档案、交易合同和协议档案等。

图6-5 老客户档案的3种类型

一般来讲,按照业务性质划分档案类型可以分为如表6-3所列的8类。

表6-3 按照业务性质划分的档案类型

档案类型	具体内容
客户基本信息档案	包括客户的姓名、联系方式、地址等基本信息
购买历史档案	记录客户过去购买的产品或服务的详细信息,包括日期、数量、金额等
服务投诉档案	记录客户曾提出的服务请求、问题或投诉,并包括解决方案和跟进记录
沟通记录档案	保存客户与组织之间的沟通记录,包括电话、电子邮件、聊天记录等
交易合同和协议档案	存储与客户之间达成的交易合同、协议或其他法律文件
支付和财务档案	包括客户的支付记录、账单、发票等财务相关信息
客户反馈和评价档案	记录客户对产品或服务的反馈、评价和满意度调查结果
购买历史档案	记录客户购买产品或服务,参与相关活动等相关信息

需要注意的是，对老客户档案的分类标准是相对割裂的，但在实际应用中却不能完全割裂。还需要根据特定需求、具体情况进行组合，比如，客户主体和合作时间，客户主体与业务性质组合、合作时间和业务性质组合，这样就又延伸出多个分类标准。总之，分类一定要以一切有利于工作高效率、低成本进行为主。

比如，按照客户主体和合作时间分类，就会出现两种类型，分别如图6-6所示。

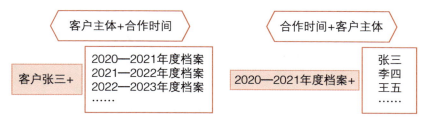

图6-6 客户主体和合作时间组合档案类型

两种类型尽管看起来相似，但使用场景完全不一样。第一种，"客户主体+合作时间"适用于客户多，但合作时间较短的情况；第二种，"合作时间+客户主体"适用于客户较少，合作时间较多的情况。

【案例6-1】

某企业2021—2022年度共服务过100个老客户，其中合作年限最长的客户A，自2000年起已有20年以上的合作，这种情况就适用于"客户主体+合作时间"的类型。

反之，如果采用"合作时间+客户主体"类型，就相当于将客户A的相关资料分散在了20多个档案中，理论上讲是没问题的。但非常不利于实际工作的开展，假如要查阅A的某项数据，就需要一一翻阅20多个档案，大大增加了工作难度和成本。

对于合作年限长的客户，一般应该遵循"集中分类"原则，将某客户的资料放在一个归档中。据此，可以总结出，客户A的档案应该如图6-7所示分类。

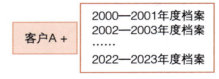

图6-7　案例中客户A的档案类型

6.3.5　老客户档案电子化

老客户档案电子化，是随着互联网技术和社交平台发展兴起的一种新的老客户管理形式，它是通过计算机技术，将每一个老客户的信息都输入到软件中，然后通过管理工具进行智能化、自动化管理。

6.3.5.1　老客户档案电子化的优势

电子化档案的优势是容量大，成本低，查找便捷，还可与客户实现及时共享。下面结合一个客户管理工具八骏CRM系统，对客户档案电子化的4个优势进行具体介绍，如图6-8所示。

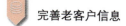 完善老客户信息

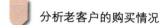 分析老客户的购买情况

便于对老客户进行回访

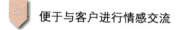 便于与客户进行情感交流

图6-8　老客户档案电子化的优势

（1）完善老客户信息

在系统中建立老客户的档案，并且完善信息，可以更好地管理客户资料。

在八骏CRM系统中，不仅可以记录客户的基本资料，如姓名、性别、爱好、职业、行业、年龄等进行客户管理。还可以记录客户的详细资料，比如，客户具体需求、沟通记录、客户所述企业其他联系人信息等。将这些详细信息录入到系统中，根据实际情况进行修改或补充，更新客户资料，更全面地了解客户的需求，更好地促进交易。

（2）分析老客户的购买情况

可以将老客户购买产品的购买情况记录到系统中，便于筛选与查询，并且可以通过老客户的购买记录进行数据分析与挖掘。

例如，某卖服装的企业，通过老客户购买记录，分析出每过两

个月左右，老客户都会来购买服装，那么企业销售人员就可以在快到两个月时，通过邮件、短信、电话等方式通知客户某某服装正在优惠活动期内，这样大大增加了企业的销售额。

从历史的客户购买记录中分析，结合客户购买的产品价格、种类、频率等，分析客户的消费习惯，从而及时推出相关产品的优惠活动以及促销，这样才能根据老客户的需求，促进企业的发展。

（3）便于对老客户进行回访

主动回访客户，了解客户的需求是否有变化等，为了避免因为事务繁忙忘记回访客户，在八骏CRM系统中，还可以设置回访客户时间，让销售人员可以在回访客户时，不用再为忘记客户回访的时间而烦恼，在系统内可以在回访时间前通过系统内部、短信、邮件的方式提醒销售人员，避免因为忘记回访，影响到销售周期，甚至失去再次销售的机会。

（4）便于与客户进行情感交流

老客户的关系维护是最为重要的，通过工具还可以培养与老客户关系，增加客户再次购买的概率。

在系统中，可以设置在特定节日给客户发送以短信、邮件形式的祝福，增加与客户之间的沟通频率，促进与客户的关系。可以了解客户的购买产品后的使用情况，有什么问题或者建议可以让客户提出来，并给出解决方案，为企业的售后服务建立良好的口碑，是一个促进企业发展的途径。

老客户档案电子化，首先是建立客户管理系统，选择适合的管理系统，用于存储和管理电子档案。利用客户管理系统进行客户档案管理是大势所趋，但工具毕竟是工具，也有其局限性。因此，在利用的时候还需要注意一些事项。

6.3.5.2 老客户档案电子化注意事项

（1）将资料归纳成不同的文件

数据整理和分类：对电子文件进行整理和分类，建立统一的档案目录结构。可以按照客户姓名、编号、日期等信息进行分类，归纳成不同的文件，便于后续的检索和使用。

（2）为每个文件添加索引信息

将扫描得到的电子文件导入到数据库或文档管理系统中，并为每个文件添加相应的索引信息，以便快速检索和查找。

（3）对数据进行备份

定期进行数据备份，确保电子档案的安全性和可靠性。同时，建立合适的数据恢复机制，以应对可能的数据丢失或损坏情况。

（4）对数据进行更新和维护

及时更新客户档案中的信息，并进行定期的数据维护和清理工作，以保持数据的准确性和完整性。

（5）提升操作人员的安全意识

提高操作人员操作电子档案管理系统的技能和安全意识，加强对电子档案的保密和保护。确保系统具有良好的安全性和权限控制，以防止未经授权的访问和数据泄露。

6.4 提升老客户留存率的措施

提升老客户留存率是保证企业业务可持续发展的重要措施之一,但大多数企业面临的现状是,客户留存率太低了。维护一个老客户需要花费很多的金钱、时间和精力成本,但流失一个老客户却是分分钟的事,很多时候可能就是因为销售或服务上一个很小的细节。

那么,如何提高老客户的留存率呢?可以采取以下措施。

6.4.1 重视服务细节,买得放心,用得舒心

德国大众汽车公司流传着这样一句话:"第一辆汽车是销售人员卖的,第二辆、第三辆汽车都是服务人员卖出的"。这里强调的就是"服务"的重要性。很多企业老客户流失严重,主要原因就是在客户购买产品之后,企业对待老客户的态度前后反差太大。交易之前温柔、体贴、热情,交易之后就蛮横、冷漠,遇到问题推卸责任。

良好的服务是保证老客户不流失的重要途径,要想保证老客户不流失,首先需要做好的就是服务细节,让客户购买前买得放心,购买后用得舒心。

【案例6-2】

小林是某商场一名普通的导购,每卖出一件产品他都会让客户填一张表格——贵宾满意统计表。内容为:"在阁下即将踏出我店前,为了给您提供最好的服务,请协助我们填写一份贵宾满意统计表。"

第6章
老客户个性化服务策略和技巧

趁此机会，他会向客户介绍产品在使用过程中的注意事项，以及其他售后问题。如果客户对产品满意就会表达感谢，欢迎下次光临；如果客户提出意见和建议，他还会耐心地解释，积极地去解决，直到客户满意为止。

原来，这个表格并不是公司的硬性要求，而是为了提高客户满意度，他自己独创的。一开始，同事们都不理解他的行为，被认为这是"多此一举"，何必为自己找麻烦呢。

他的这种做法一段时间后就有了效果，小林的业绩在所有导购里连续几个月都是最突出的，这个被看作"多此一举的行动"瞬间引起了领导部门的注意。原来，正是一张小小的表格提高了客户的满意度，很多客户不但不会觉得麻烦，而且会主动提出自己的意见或建议。时间一长，客户对他的服务大加赞赏，也喜欢到他那里去购买。

一年后，他成功晋升为店长，又将这一方法教会了他手下所有的店员，他们的店成为"全国明星销售店面"。

小林的成功无非是比别人多做了一点点，就获得了其他人无法企及的成就。"多做一点"对客户来说是非常必要的，不要轻视这个小举动，正是一张表格大大地提高了客户对销售人员以及企业的满意度。

完善的服务和业绩的提升是相辅相成的，在服务上提高一个档次，客户满意度可能就会提升十倍。服务，是销售活动中一个重要环节，在服务上多做一点点，就能留住客户。因此，作为企业方需要有强烈的服务意识，主动做好服务的每个细节，让客户在购前买得放心，购后用得舒心。

然而，这些细节却经常被忽略。那么，如何来为客户提供更好的服务？销售活动中服务通常分为两大部分，即售前和售后，具体如图6-9所示，若想令客户彻底满意，需要同时做好这两方面的工作，缺一不可。

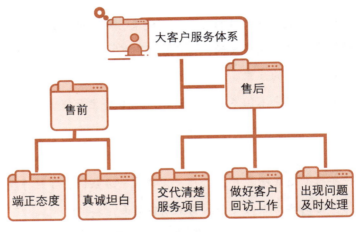

图6-9　大客户服务体系

（1）售前服务

由于尚未进入产品推销实质性的阶段，因此售前服务主要体现在态度上，也就是说，要尽量表现得热情大方，自然坦诚，让客户心甘情愿地接受。

① 端正态度。态度永远是服务中不可分割的一部分，客户接受企业的态度，才可能接受企业产品。所以，对于企业而言，首要

的任务不是如何把产品推销出去,而是懂得尊重客户,理解客户,让客户从心理上接受你。

② 真诚坦白。"坑蒙拐骗"是商业活动中永远存在的一种顽疾,这也使得客户对推销产生了不少误解。推销,是一件非常严肃的事情,既然你决定向客户推销,就要负责任,把最有用的信息透露给对方,帮助客户作出正确的选择。不要隐瞒事实,蒙混过关,不要有任何欺骗、欺诈行为。

(2)售后服务

推销活动中,狭义上的服务指的是售后服务,售后服务是整个推销过程中不可或缺的一部分,也是客户最为关注的一部分,很多客户之所以购买你的产品就是看中了完善的售后服务体系。

① 交代清楚服务项目。并不是所有人都能够正确了解售后服务的含义,很多人对售后服务理解上有所偏颇,这将误导他们。所以,在产品推销出去之后销售人员有义务协助客户更深入、更系统地去了解产品配套服务,以及企业自定的其他售后服务。

② 做好客户回访工作。"回访"是产品推销出去后的一个重要环节,客户购买产品之后,销售人员应该定期或不定期地"回访"。深度了解客户对产品的使用情况,以及在使用过程中遇到的问题。这将会大幅提升客户的满意度。此外,通过"回访"工作,还可以为企业创造无形的价值,提升企业的知名度和美誉度。

③ 处理好客户抱怨。产品在使用过程中总会出现各种各样的问题,客户难免也会抱怨,每个客户抱怨时都不会仅仅是为了抱怨,他们会有所期望,希望维修、退货等,这都是难免的。遇到这

种情况,平息客户的抱怨很重要,而且在现有的条件下要尽量为客户找到解决方案。

在服务上"多做一点点",可能只是一句话,或者是一个简单的动作,或者是一个眼神,但足以改变客户的心理。这些小小的细节对客户的心理起着强化作用,能够加深客户对产品的认可,对企业的认可。

6.4.2　彻底帮助客户消除后顾之忧

老客户在使用产品的过程中,一旦遇到问题,企业方要彻底帮助客户解决,以免有后顾之忧。要知道,老客户最怕就是问题得不到解决,不彻底消除他们的后顾之忧,他们就很难有下一次消费。

销售中经常会出现这种情况:即本来双方谈得很愉快,等到交付时老客户不断地用各种各样的理由来拖延或拒绝。很多销售人员对客户的这种行为不理解,更不知道对方真实的想法是什么。其实,拖延和拒绝背后是客户对购买产品后的一种担忧,他们不确定产品在使用过程中会出现什么问题,以及出现问题后怎么办。

这样做的主要目的,就是想借此机会争取到更多的承诺。在了解到客户的这种心理之后,企业方需要想办法去消除。

【案例6-3】

客户:"你们的产品质量是没问题的,我最近还有些其他事情要忙,关于签单的事先延迟些时日吧。"

第 6 章
老客户个性化服务策略和技巧

销售人员:"王总,我们之前合作得很愉快,冒昧地问一下,我是不是哪里做得不到位,如果您对我们有意见,可以坦诚相告。"

客户:"你们的售后服务不像宣传那样。"

销售人员:"我们公司的确不如那些实力强大的公司,但我们的服务都是最专业的,您能具体说一说吗?我真诚接受老朋友的建议。"

客户:"服务和产品质量完全脱节,机器设备一旦损坏,需要维修、更换零件都比较麻烦。"

销售人员:"对,正如您说的,质量过硬的产品还得配备完善的售后服务。我们公司最大优势就在于有一支技术过硬、负责任的服务团队。您想,一个新公司要想与那些实力超强的公司竞争,品牌影响力势必要稍逊一筹。因此我们唯一可以做的就是完善产品的售后服务。关于您遇到的问题,可能是某个环节沟通不力,这些问题我马上跟客服部沟通,联合他们为您解决一切问题。以后,您遇到售后问题,可以跟我说,尽管提出来,咱们共同解决。"

客户表示认可,同时也答应继续订购一部分产品。

一名负责任的销售人员,坚决不能让客户带着后顾之忧去签单。如果遇到这种情况,当务之急是恢复客户对产品、对企业、对你本身的信任。事例中的销售人员就很好地把握住了这一点,他没有去抱怨、责怪客户，而是站在客户的角度，充分去体会客户的感受。然后通过实践，消除客户心中的担忧。

当前，市场缺乏诚信，有的销售人员为了多推销一些产品甚至会不择手段，售前盲目承诺，售后却无法兑现。那么，如何来消除老客户的后顾之忧呢？可以从如图6-10所示的3点入手。

图6-10　消除老客户后顾之忧的3种方法

（1）深入了解客户面临的问题

多了解客户对产品的态度，尤其是不满意的地方，这样有利于进一步激发客户潜在需求。例如，你可以这样问："您最不满意的地方是什么？"通过直接提问题明确客户不购买的原因，从客户的回答中，就可以了解到需求点在哪里。

比如，当你了解到客户对操作程序不太熟悉时，可以通过介绍、示范、亲自操作等方式帮助客户尽快熟悉起来。

（2）强化客户的购买信心

空口无凭，客户很难相信你的口头承诺。这时，销售人员如果能及时出示一些相关证据，给客户吃颗定心丸让客户彻底放心，成交就有望了。比如，可以列举一些声望比较高的老客户、公司曾经获得的荣誉证书、奖品等。这些在一定程度上，可以起到消除客户不踏实的心理作用。

（3）与客户共同制定解决方案

"三包证明"是产品中非常重要的一部分，大部分客户在关注产品质量的同时，都十分注重这一部分。所以，当客户对你的产品认可后，销售人员应拿出相关的售后服务说明书，向客户交代清楚产品购买后的政策，比如，三包证明使用注意事项，更换、维修的起止时间等。当客户明确了解后，后顾之忧就会大大消除。

不过要注意的是，在向客户介绍售后服务款项时，销售人员既不能随意夸大事实，也不能有意贬低。

总之，客户关注的不仅仅是产品本身，还有与产品相关的各项服务。所以，企业不仅要把产品推销给客户，最主要的还要帮助客户解决问题。问题一旦被解决掉，客户便会进一步信任企业，从内心深处对企业、产品产生信赖。

6.4.3 做好客户的"利益代言人"

对于老客户而言,企业应该扮演好"利益代言人"的角色,而不是"利益独享者"。有很多企业,无论决策,还是推销产品或服务只着眼于"自己的利益",时时处处掣肘着客户。

要想长久地留住老客户,绝不能让客户感受到自己的付出和所得是不对等的,而是将对方利益最大化,让其时刻都能感受到超额的利益。然而,大部分企业对"客户利益代言"十分陌生,甚至还有误解。特别是处在发展初期的企业,总认为这是一件可做可不做的事情,客户利益工作形同虚设,或者只是简单地等同为客户支持中心。

"客户利益代言"英文缩写是CA,有的企业专门成立了CA部门,这是一个跨职能的角色,它不仅是为了给客户提供出色的体验,还要凝聚内部多部门,来促成共同的目标——确保客户满意。主要任务是要建立企业与关键客户接触的战略和计划,为客户提供工具与经验,帮助他们了解如何利用公司的产品实现他们最重要的目标。

那么,如何做好CA工作呢?可以利用CA金字塔模型,如图6-11所示是CA金字塔的5个层级。

第1级:找到你的拥护者。

企业管理者要想做好CA工作,首先要找到自己的拥护者,确定在所有客户中,谁为产品痴迷疯狂,谁是那个充满好奇想要了解更多的人。

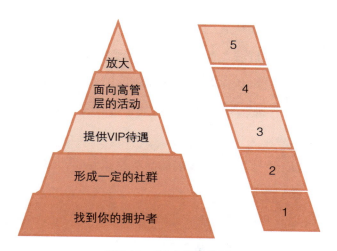

图6-11 CA金字塔模型

在初创公司中,可能只有几个这样的客户,可以采取最适合公司的方式来与这些人建立关系;但如果是发展中的成熟公司,就需要有更规范的客户拥护者计划或流程,以帮助自己一开始就能顺利找对人。

第2级:形成一定的社群。

接下来,围绕这些内部拥护者,推出相应的社群计划,让更多人知道并参与进来。例如很多公司都有面向所有客户开放的体验计划,将志同道合的人连接起来,促进彼此的沟通和对产品的理解等。

这里的工作要做得更深入一些,比如对于中端市场的客户,可以考虑设立理事会,让客户与产品营销团队有机会坐下来对谈,进一步了解产品、提意见、测试新功能等。

第3级：提供VIP待遇。

建立稳定的社群后，客户会对改善彼此的关系更感兴趣，也更愿意介绍一些机会来让你们帮助他们的组织或员工创造更多价值，这时就可以引进一些VIP活动了。比如，组织高管晚宴、客户见面会、圆桌会议等。

而且，如今一切向线上发展的趋势意味着CA也要做出相应的策略转变。比如增加一些特别元素，来营造这种VIP的体验。

第4级：面向高管层的活动。

这一级的活动，就包括了"高管简报中心"和"高管支持计划"两部分。它们是最少被用起来，也是最难实现的部分。其目的是促进公司最高层之间的关系，来巩固和促进公司之间最强有力的伙伴关系。

① 高管简报中心。高管简报中心是开放给客户的，一个向企业高管提建议和建议的渠道。这个渠道也方便企业从客户处了解他们更真实的想法，以便改进产品。从CA方面来讲，这一制度需要高管做好心理准备——冲着高管而来的客户，必然是认真对待的，而且提出的问题一定不会太容易处理。

② 高管支持计划。让你们的高管和你希望发展更深关系的顶级客户的高管配对起来，它能很好地发展或增进你们与更大品牌的更好的关系。毕竟，很多合作都需要高管级别的沟通才能达成。但首先，你要确保配对的高管之间的人际联系是有意义的；其次，要注意的是，你们要发展的是一种长期的深度的关系，所以，你也需

要确定客户或潜在客户能从中有所收获。

第5级：放大。

一旦到了高管的层面，合作关系通常都已经进入了互利互惠的阶段，合作使双方受益，而不再是你们单方面需要客户来帮个忙。

而且，这个金字塔的方法能够将双方的深度合作变得顺理成章，因为你们的关系是层层递进的。要知道，当客户对产品的开发迭代有深度参与感时，当他们看到自己的反馈被真正落实时，当能设计出相应产品体验时，客户就更有可能成为长期合作伙伴。

6.4.4　真正留住老客户的是文化

文化是企业的灵魂，如今在大多数企业中，服务的"缺不缺、够不够"问题总体上得到解决，与此同时，"好不好、精不精"的问题越来越凸显。"不好、不精"的根源在于，企业文化跟不上。

【案例6-4】

2021年7月鸿星尔克官方微博宣布，通过郑州慈善总会、壹基金向河南灾区紧急捐赠5000万元物资。这一举动点燃了大众的购买热情，据悉，仅仅在社交平台的直播间，累计观看人次就达到了1.2亿次，平均在线7.9万人，高峰期80多万人。与此同时，库存抢购一空、门店"抢劫"式购物在全国各地上演，全网掀起一波野性消费，这个沉寂多年的品牌重新焕发生机，销售额暴涨。

此次事件后除了鸿星尔克，还有许多国货品牌纷纷慷慨解囊，如牧原股份、蜜雪冰城、贵人鸟、双汇等。这些品牌善举的背后其实就是"社会价值和文化"的力量，它们才是真正留住老客户的决定性因素。

曾经的国货品牌，如日中天，拥有大量消费者，但随着外来品牌的冲击，客户流失严重。近年来，国货苏醒，很多品牌打起情怀牌、文化牌，尽管企业效益不佳，但也在承担着应有的社会责任。这是外资品牌无法比拟的优势，正因为此，越来越多的老客户又回来了，尤其是年轻人，越来越热衷购买"国货品牌"。

随着国力的不断增强以及对传统文化认知的加深，国民的民族自豪感越来越强烈，越来越多的中国元素开始在国内和国际市场上被广泛关注。而一些国货品牌通过对中国文化的挖掘与创造，形成了一股独特的艺术风潮，受到年轻消费者的热烈追捧。这也为很多中小企业带来了启示：要想留住老客户，就要敢于承担，重塑文化，让服务成为一种文化，让文化成为一种信任。

（1）让服务成为一种文化

所谓的品牌忠诚度，对客户而言，该品牌下的产品不仅是商品，更是代表一种文化、一种服务、一种信任。

在企业经营中，服务永远是在售卖产品之后，很多企业把服务放在卖产品之前，一旦卖完产品就不管不顾了，试问这样的产品谁敢用。把服务永远放在第一位，打造完善极致的服务理念，让服务给产品代言，产品才能在客户心中占有一席之地。

（2）让文化成为一种信任

每个品牌都具有一种特定的文化，一旦产品文化形成，就不要轻易去打破他，因为他有可能代表一个年代、一种信任、一种品质。所以我们在经营中要严格地去遵守他、执行他，把捍卫品牌文化作为企业的使命。文化就是一把无形的保护伞，一旦打破，企业和品牌将会裸奔，毫无竞争优势可言。

第7章

大客户个性化服务策略和技巧

第 7 章
大客户个性化服务策略和技巧

案例导读

某银行在竞争激烈的金融市场中,为了吸引和维系大客户,制定了一套创新且全面的理财方案。这个方案的核心在于,会根据每个客户的风险承受能力、投资目标和偏好,为他们量身定制理财产品和投资组合建议。

不过,这种个性化服务的前提是,要充分理解、尊重每一位大客户的独特需求。为了更好地实现这一目标,该银行配备了专业的理财顾问团队,由经验丰富、专业素质高的顾问组成,致力于为客户提供一对一的咨询服务。

服务既包括提供量身定制的理财方案,也包括持续的市场动态更新。这样一来,大客户不仅能享受到最适合自己的理财产品,还能时刻掌握市场动态,为自己的投资做出明智的决策。

此外,银行还不断优化服务流程,提升服务体验。例如,通过线上线下相结合的方式,为客户提供便捷的理财咨询和办理服务。让客户在享受个性化服务的同时,也能感受到银行便捷高效的运营能力。

这种以客户为中心的经营理念,定制化的服务让大客户感受到银行对他们的高度关注和重视,与银行之间建立起深厚的信任。也使得该银行在激烈的市场竞争中脱颖而出。

银行业的竞争归根到底是客户的竞争,谁能够赢得客户的信任和忠诚,谁就能在市场中占据优势。几乎所有企业都非常重视大客户,因为大客户能带来大业绩、高利润和高知名度。大客户是企业安身立命,竞争的筹码和后盾,有了大客户加持,不光现金流有保障,团队实力不断增强,经验不断积累,还可以通过大客户在行业获得话语权,获取更多优质客户资源。

7.1 重视对大客户的管理

现代企业都会对客户进行详细分类,将他们分为大客户、普通客户、潜在客户等,对于企业发展来说,大客户管理至关重要,如果能够维护好和大客户的关系,将非常有利于企业的发展。

7.1.1 重视大客户管理的原因

发展到现在,传统销售手段已经无法为企业满足大客户的需求保驾护航了。做好大客户管理工作对企业的发展越来越重要,持续发展与变化的大客户管理,会促成日益复杂的消费结构产生。

例如,在手机品牌林立的市场里,小米公司面临的竞争可以说是非常激烈的。那么,小米公司如何赢得这场激烈的竞争呢?通过大客户管理战略,小米公司十分重视大客户满意度的提高工作,将客户需求融入产品设计和生产中;致力于为客户提供个性化的销售服务,巩固客户对品牌的忠诚度。当然,还需要建立与完善适合小米自身发展的客户管理系统,对企业在管理中存在的问题进行分析和提出解决方案,不断地完善,才更有利于企业的良好发展。

大客户对企业十分重要,因此,企业要特别重视。重视大客户管理的原因，可从企业的短期利益和长期发展战略角度两个方面来看。

（1）短期：快速提升企业利润

大客户是企业销售额和利润的最重要、最稳定的来源，被认为是对企业具有营销战略意义的客户。较之普通客户、潜在客户，大客户购买力往往很强，而且是持续性的，所以，往往能够为企业提供非常高的利润。

管理学上有一个"二八法则"，即在大多数企业的经营活动中，80%利润来自其中20%的客户。那么，这20%的客户往往就是企业的大客户。大客户的营销价值对企业是十分大的，尤其是在大中型企业中更为明显，大客户产生的消费量在企业总销售额中占的比重非常大。下面以联想挖掘大客户终身价值为例，来看一下企业该如何有效地利用大客户带来更多的价值。

【案例7-1】

联想的大客户，已经占到联想中国PC销售额的1/3。更为重要的是，联想十分重视大客户管理，据联想集团原副总裁、大客户业务部总经理蓝烨在一次专访时表示，"20000多个行业大客户，我们用300个客户经理和1000多家渠道商一一锁定。"联想的大客户策略，实质就是一种有针对性的"VIP模式"。这种模式的核心是挖掘"客户终身价值"，既关注短期利润，也注重长期收益；既关注单笔交易，更注重长期关系。

"VIP模式"有两个非常明显的优势：第一，定制化服务，以更好地满足大客户的个性化需求；第二，开通专门服务热线，提供VIP级服务。比如，当大客户遇到售后问题时，公司会挑选最优秀的工程师上门服务。

联想把更多精力集中在维护大客户身上，更好地挖掘大客户的现实需求与潜在需求，挖掘其终身价值，最后通过满足大客户的需求，实现领先市场的目的。

（2）长期：事关企业发展战略

成功的大客户应是公司内部的一种自发行为，企业不断增强与客户之间的互动、联系，对企业未来发展形成一种战略性策略。

因此，对大客户进行管理，不仅是企业短期利润提升的需要，还是企业长期发展战略的需要。将大客户管理作为企业发展战略的一部分，会更深入地挖掘大客户的价值。大客户对企业的价值除了体现在销量提升上，还有很多更深层的。例如，大客户可以为企业进行宣传，有益于公司品牌的塑造；可以间接带来更多的客户资源；提升企业软实力，大客户越多，证明公司实力越雄厚等。而这一切的关键是，企业是否有效地利用了大客户这一资源，是否有效地挖掘了大客户这一资源。

为此，很多企业建立了以"大客户"为导向的经营战略，将大客户作为企业重要资产，重视大客户满意、忠诚和留存率，并与大客户建立稳定的合作关系，在企业获利的同时，也让客户受益，真正实现企业和客户的"双赢"。

需要注意的是，大客户管理需要始终与客户保持同步，那些为了持续满足客户的需求，实行大客户管理的公司通常会运用为客户提供定制化产品、个性化服务的方法建立企业自身的大客户群体。

7.1.2 大客户管理的概念和特征

对大客户管理的概念，业界有多种看法，有的人认为是大客户销售，有的人认为是战略客户管理，也有的人认为是主要客户管理等。追根究底还是在对"大客户"概念认识上有差异。因此，在了解大客户管理的概念之前，需要先了解一下大客户的概念。

大客户，通俗来讲可以围绕"大"字展开，"规模大、价值大"，具体是指对产品购买规模大、量大，可为企业持续带来高额利润，或者，对企业其他方面产生重要影响的，具有重大战略意义的客户。在权威文献中，大客户又被称为"key account"，被认为是指对企业未来发展有所贡献的客户群体，或一种投资方式。

综上所述，可以总结出大客户的特征，即大需求+大支付+大复购。从购买数量和企业获利大小的维度分，一般可将客户分为3类，分别为普通客户、优质客户和大客户。普通客户没什么货量，利润也不上去；优质客户量不多，但单笔利润较高；大客户既有购买量，还能复购。

（1）大需求

与普通客户、优质客户相比，大客户需求量大，且单笔订单量大,需求频次极高。一家企业中,排名前10的大客户业绩贡献率可能达到50%~80%。如果是C端大客户,单次购买量也许没那么大,但极度痴迷品牌和产品,最大特点是购买频次远远高于普通客户。

例如,只要苹果公司推出新款手机,苹果粉丝会第一时间疯狂抢购;星巴克的星级客户对星巴克产品也是极度痴迷,每天至少要喝一杯;即便是摩托车这类复购率比较低的产品,哈雷的一些超级粉丝也会拥有数十辆。

(2)大支付

与普通客户相比,大客户支付意愿更高,而且溢价高。也许大客户占企业客户总数比重不到20%,但决定了企业利润的多寡,因为大客户愿意在产品上花更多的钱。由于大客户对产品的要求远超普通用户,因此他们更愿意参与到新产品的开发中,对新产品的消费动力也更强劲。

(3)大复购

与普通客户相比,大客户会与企业建立一种更长期的深度合作关系,是复购率最高的一个群体。他们不仅会花大价钱购买产品,还会对产品投入感情,甚至会自愿为企业再介绍更多大客户。

对企业而言,大客户就是那个最省力的关键支点,是推动企业持续快速增长的引擎。那么,如何寻找这样的客户群呢?上市公司老板、世界500强公司高管、财团家族基金会成员……,这些的的确确是大客户无疑,但只盯着这个群体去开发,未免太过虚无缥缈，不切实际。这里我们可以借鉴一下电商模式，电商中有大家耳熟能详的B2B、B2C、C2C、B2B2B、OTO等形态。一般来讲，满足大订单、高利润、可持续订单的都是To B模式，只有To B公司层面的客户，才有可能转化为大客户。

比如，做国际贸易的，就要瞄准批发商、海外代理商、进口商、分销商、拼箱和吨货空运等大件物流。而To C直接面对的是个人消费者，多以快递货运为主，而这是很难做高利润的。

另外，在寻找大客户上要搞清楚一个问题，即主动寻找，还是被动寻找。下面先看一下如表7-1所列的十大拓展渠道。

在十大客户拓展渠道中，最大的区别就是主动与被动的区分。主动寻找客户当然好，但如果能让客户主动找我们，效果则更好。这是因为当我们主动开发客户时，反而容易陷入被动找的思维，被动打电话、被动群发邮件，被动去沟通。换句话说，就是只能在不断被拒的沮丧和绝望中踌躇不前，若还想主动开发那些战略大客户，难度堪比登天。

相反，当客户主动来找我们时，便可直接跳过"让客户知道你，让客户感兴趣，让客户信任你，引导客户下单"这个营销闭环中的前两步，成交则相对容易得多。所以，做大客户管理一定要升级认知：别指望去开发他们，做好自己，让他们被你吸引，主动来找你。平时，也要有意识地多使用"客户主动找我们"的渠道。比如，演讲、展会、阿里巴巴国际站、自建网站、内容营销等，只有不断在这些领域深耕、影响，才有遇见与成交战略大客户的机会。

服务驱动增长：
个性化服务 + 精细化管理 + 客户关系维护

表7-1 大客户十大拓展渠道

	1	2	3	4	5	6	7	8	9	10
	传统开发	有机渠道	原始方式	搜索引擎	B2B平台	垂直平台	自建站	社交社群	内容平台	偶然机会
	电话、传单、扫楼、上门拜访等	演讲、线下活动、展会等	黄页目录、行业数据库等	百度、谷歌、竞价排名等	阿里巴巴国际站、环球资源（以外贸为例）	外贸圈、外论坛、WCA等（以外贸为例）	公司、网站、个人、博客等	QQ、微信、脸书、推特等	公众号、头条、抖音、小红书等	存量客户、客户推荐等
	主动找	被动找	主动找	被动找	被动找	主动找	被动找	主动找	被动找	被动找
	主动找						被动找			
	难以解决"让客户感兴趣"和"让客户信任你" 关键词：反感、排斥、拒绝、难！						直接省去"让客户知道你"和"让客户感兴趣" 关键词：期盼、友好、接受、易！			

7.2 大客户筛选和服务

7.2.1 大客户的筛选

当确定有意向的大客户后,是不是马上确定下来进行合作呢?答案是否定的,大客户需要精挑细选,数量不重要,关键是质量。因为,一旦确定合作,我们就会把优势资源,团队、时间、精力集中在服务大客户上,而这些合作的大客户一旦遇到经营不善,或盈利困难等窘境,我们也会深受其害。

古语说,"君子不立于危墙之下",就是这个意思。濒临窘境的企业,法律道德观念差,没了底线,就会出现"危墙",尤其是财务风险,产生大量坏账,资金流断了。

反观鸿星尔克,账面上亏损2.2亿元,却还有能力为河南、山西灾区捐款,服务它的公司也没受到严重的影响,仍能拿到合作收益。原因是鸿星尔克只是政策性亏损,现金流并没有断。

这就引出本节要说的主题,大客户的筛选条件。由上可以看出,筛选大客户,不管是什么类型的公司,重要的看其风控和法务,有的小公司这两项做得非常差,宣传的项目可能还没有立项,是否有预算、预算多少更是一本糊涂账。这样的大客户是往往不能选的。

(1) 风控

风控即风险控制能力,要从大客户的人力资源、产品消耗等各项预算,现金流等方面进行综合评估与管理,同时还要对大客户当年市场策略、运营指标等参数有所了解，以便掌握整个项目风险点和可能遇到的问题，提前对"危墙"客户和项目进行预警，做好风险防范计划。

（2）法务

随着社会发展，更多大型企业要求设置法务这个岗位，法务是指在企业、事业单位、政府部门等法人和非法人组织内部专门负责处理法律事务的工作人员，是企业风险综合管理者。

法务要对每个合同和流程做管理，保证合规、合法、合理，这样服务大客户才安心，客户也安心，项目执行、客户服务才有保障。

在大客户筛选上，除了看风控和法务这两项指标外，还要看其他指标，比如具有先进经营理念的客户、具有良好财务信誉的客户、销售份额占大部分份额的客户、能提供较高毛利的客户等。具备这些条件的客户都是要重点关注的对象，也同样需要集中精力服务好客户。

当然，大客户并不是一成不变的，今年的大客户不表明过一段时间还是大客户，小客户通过扶持也可以成为大客户。

7.2.2 提升大客户服务

讲完大客户的筛选，接下来讲如何做好大客户服务。市场竞争日益激烈，为了获得更高的市场份额，从大客户身上挖掘更大的价值，很多企业都非常重视大客户服务。那么，如何服务大客户呢？具体如图7-1所示。

第 7 章
大客户个性化服务策略和技巧

细分大客户市场

提供个性化服务方案

制定价值为王的营销策略

建立完善的大客户服务制度

针对大客户建立长期的战略规划

图7-1 服务大客户的技巧

（1）细分大客户市场

为了对大客户更有效、更有针对性地开展服务，需要进一步地细分大客户市场，根据不同层次、不同行业、不同特性的客户进行市场定位、开发、包装和营销，甚至可以将具有特色的单个用户，作为一个细分的市场，专门进行开发。

市场细分，与其说是一个将市场分解的过程，不如说是将市场按照特征分类之后再重新汇聚的过程。经过这一筛选、分类的过程，才能更加清楚细致地明确大客户市场对企业服务的需求。

谁能率先细分出特定的、有一定规模效益的、相对成熟的消费群体，谁就能在业务创新上把握先机。

（2）提供个性化服务方案

鉴于大客户的重要性，企业应该拿出足够的成本、更完善的方案来维护与其的关系，结合大客户的实际需求、特点，制定个性化的解决方案。这样做，一方面能够让大客户体验到企业对其的重视，另一方面更符合企业本身的需求，效果更好。

【案例7-2】

以某供电企业为例，该企业针对不同的客户对象，不同的工作实际，不断调整大客户服务策略——优质营销服务，大大提高了客户的满意度。

优质营销服务是该企业发展的生命线和永恒主题，通过全力提升对客户服务的水平，不但及时有效地解决了大客户在用电过程中遇到的问题与潜在的隐患，还使企业内部营销运作流程更加明确和规范，提高了营销部门的工作效率和执行力，树立了良好的形象和公共关系，有助于企业获得良好的口碑、提升自身知名度、巩固和扩大市场份额。

企业要紧紧抓住大客户这部分资源，制定个性化的服务方案，只有让客户感到满意的服务，才能提升客户忠诚度，使客户不断为企业贡献价值。

大客户个性化服务方案制定流程，如图7-2所示。

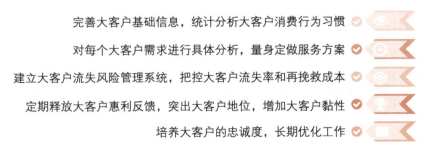

图7-2　制定大客户个性化服务方案流程

（3）制定价值为王的营销策略

对于大客户而言，价值永远比价格重要，因此，企业需要遵照市场经济的基本规律，制定"以价值策略为主，价格策略为辅"的营销策略，避免价格战，以凸显出大客户的综合价值。

具体制定时可以分4个步骤进行：

第一步，制定综合服务协议，明确企业中部门、分公司对客户的价格优惠权限，提高对大客户营销的价格优惠的灵活性；

第二步，区分各大客户的价格敏感度，通过产品和服务差异化转移客户对价格的敏感；根据客户不同情况，为大客户提供整体业务优惠计划；

第三步，根据市场竞争状况，对有流失风险的大用户给予适当的折扣；

第四步，通过培训提高客户经理谈判能力，降低优惠幅度，尽量避免恶性价格战。

（4）建立完善的大客户服务制度

对于大客户的管理，企业要真正做到实现"以客户为中心，全心全意为客户着想"的目标，提升大客户服务层次，全面保障大客户优越服务，还需要以制度为保障。

所以，企业要建立，并完善大客户服务制度。完善大客户服务制度，主要包括如图7-3所示的内容。

（5）针对大客户建立长期的战略规划

大客户战略规划的建立要立足于市场，目的是为大客户提供更为优质、精准的服务。充分理解大客户的需求，做到"比客户更了

①	建立服务管理机构，设立大客户部和专人、专岗。
②	完善大客户申投诉管理流程，保证客户申投诉得到及时处理。
③	建立"内部客户承诺"制度，促进企业内部业务流程的通畅。
④	加强客户走访工作，保证与客户的紧密联系和友好关系。
⑤	建立后台支持KPI（关键绩效指标）考核指标体系，落实对后台支持部门考核责任。
⑥	建立服务社会监督体系，不断提高企业大客户服务监督能力。

图7-3 完善大客户服务制度的内容

解客户"。

建立长期的大客户战略规划包括建立完整详细的大客户档案，了解客户的网络情况和业务情况，了解客户技术创新的总体目标，了解大客户的现用产品的使用情况，了解客户的决策流程，分析客户潜在需求。

同时，根据企业的不同类型，不同业务模式对具体问题进行具体分析，为客户制定出更有针对性、更切实可行的个性化服务方案。个性化服务要具有高度的灵活性，既要遵守不同客户群体的共性，也要兼顾其特殊性，站在用户的角度制定更灵活、实用的功能、流程以及相应的业务策略，切实提升大客户满意度。

7.3 大客户管理面临的三大困境

很多企业，尤其是中小企业在大客户管理上陷入了多重困境，

第 7 章
大客户个性化服务策略和技巧

这些困境看似很多,总结起来实际上只有三类:一是没有目标客户;二是不会挖掘大客户需求;三是留不住大客户。

7.3.1 没有目标客户

很多企业想开发大客户,但成效往往不佳,最主要原因就是没有目标客户。在开发大客户上这件事上目标不明确,定位不准,主要表现为如图7-4所示的"四无"。

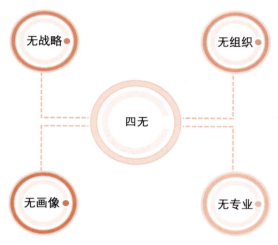

图7-4 没有目标客户的四种表现

(1) 无战略

无战略即没有制定大客户战略,无法站在更高的层面进行系统的顶层设计,这是找不到目标客户的根本原因,比如,在一些中小企业中,大客户基本是老板自己一手开发出来的,有几个"英雄级"销售员,也是仅凭借各自的悟性和运气在开发大客户。这种单枪匹马式的开发模式根本无法保证大客户的持续增长。

215

（2）无组织

无组织即在企业组织架构图中，根本没有建立起开发以及管理大客户的组织架构。没有组织架构就无法将个人能力转化为团队整体能力。纵观那些有着良好组织建设的企业，他们发挥的不是老板或几个人的个人能力，而是通过设计组织架构实现资源整合，优势互补，将合适的人放在合适的位置上，以最大程度激发整个团队的整体战斗力。

因此，如果企业已经过了初创期，作为企业老板需要重新定位自己的角色：自己不再是销售特种兵，而是销售特种兵教练，而教练的职责是培养团队、发展组织。

（3）无画像

无战略、无组织针对的是企业老板和高管，无画像、无专业主要针对的是一线销售人员。作为销售人员一定要清楚自己目标客户的画像。很多销售人员不知道或者不清晰公司大客户的画像。

试想一下，如果销售人员不能准确地判断谁可能成为自己的大客户，那么开发大客户无异于大海捞针，眉毛胡子一把抓。因此，企业需要确立清晰的客户标准，精准锁定大客户画像，分类标准越清晰，大客户的画像就越精准。

（4）无专业

无专业是指销售人员专业度不够，这会直接导致大客户无法进入公司。与普通客户的销售相比，大客户销售难度是指数级的，销售金额大、决策链条长、专业性强。

如果把这个过程看成是"挖井",普通客户只需挖到地下5米就能看到水了,而大客户要挖到地下50米才能看到水。销售人员如果没有挖深井的专业能力,那么是难以见到水的。况且在挖井的过程中,还有可能随时出现意外,如果销售人员中途放弃,那么一切都将前功尽弃。

7.3.2 不会挖掘大客户需求

大客户管理第二个困境是不会挖掘大客户需求,进而无法满足大客户的需求。有时候,目标客户是确定了,但给企业带来的效益却一般。销售团队费九牛二虎之力开发大客户,所提供的生意却少得可怜。企业在大客户身上投入了大量资源,但最终与回报不成正比。

为什么大客户在你的企业创造的价值少呢?原因很多,但至少有如图7-5所示的3个原因,是大多数企业共有的。

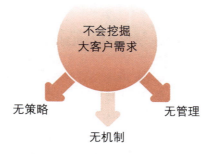

图7-5 不会挖掘大客户需求的表现

（1）无策略

无策略，即企业不会激发客户需求，客户之所以选择我们的产品或服务，逻辑只有一个：那就是该产品或服务是最好的。退一步讲，即使产品或服务不是最好的，但产品背后的价值很高，令客户满意。

永远记住一点，客户关心的只有自己的利益，当产品或服务无法满足客户利益时，客户会随时选择离开。比如，有些公司靠拉关系吸引了一部分大客户，但竞争对手也在做，甚至做得更好。所以，这种做法是无法体现出优势的，也很难令客户满意。

因此，在开发大客户的过程中，价值策略和关系策略要双管齐下，只有凭借专业能力，才能与大客户保持长期的良性合作。

（2）无机制

很多企业无法激发客户需求，还有一个核心的原因，那就是机制的问题，即大客户激励机制。大客户激励机制是指为了吸引和保持重要客户，采取一系列措施来激励他们增加业务和提供更多的价值。具体的激励机制可以包括如表7-2所列的6个方面。

表7-2　大客户激励机制的内容

激励方式	具体内容
价格优惠	为大客户提供特别的折扣或优惠价格，以鼓励他们购买更多的产品或服务
定制化服务	根据大客户的需求提供定制化的服务，满足他们特殊的要求，增加客户满意度和忠诚度

续表

激励方式	具体内容
提供额外价值	为大客户提供额外的价值,例如免费的培训、咨询或技术支持等,帮助他们更好地使用产品或服务
优先权	给予大客户优先权,例如提前预订、排队等待时间缩短、专属客服人员等,改善他们的购买体验
奖励计划	设立奖励计划,根据大客户的业务量或贡献度给予奖励,例如返现、积分兑换、礼品等,激励他们增加业务量
长期合作协议	与大客户签订长期合作协议,提供稳定的价格和服务,增强彼此的合作关系

这些激励机制可以根据具体情况进行灵活组合和调整,以满足大客户的需求,并促进长期合作和共赢的关系。

(3) 无管理

无管理一方面是指企业没有设计针对大客户的维护体系,导致客户需求开发做不深、做不透;另一方面是指企业市场部研发产品的能力没有跟上,无法匹配大客户不断升级的需求。

7.3.3 留不住大客户

当企业很难满足客户需求时,就很难留住客户。很多企业面临无法留住大客户的困境:客户池子就像漏斗,前端拼命开发,后端不断流失,现状就是大客户前脚刚进来,后脚就流失了。

健康的大客户模型应该像一个蓄水池,企业源源不断地向蓄水池输送新的大客户。新客户进入企业后,企业要想方设法地将这些

服务驱动增长：
个性化服务 + 精细化管理 + 客户关系维护

客户发展成长期用户，让这些大客户能够长期留存、复购，甚至成为终身客户。

唯有如此，企业才能形成正向循环，让越来越多的大客户沉淀在大客户池子里。现实中太多企业的大客户池子之所以不是蓄水池模型，而是漏斗模型，其根源在于，没有建立真正的大客户营销体系，无法对客户进行科学有效的管理。

健康的营销体系包括市场部、销售部和客服部三个部门。三个部门分工不同，市场部职责是锁城（锁定大客户），销售部职责是攻城（进攻大客户），客服部职责是守城（留住并做大大客户）。三个部门形成一个完整的大营销体系，使整个业务体系高效地匹配大客户需求。

而现在很多企业没有真正意义上的大客户客服部，如图7-6所示是组建大客户客服部的流程。

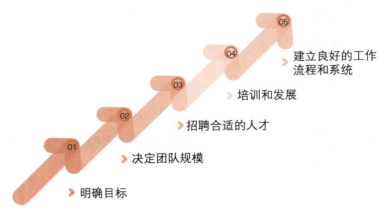

图7-6　组建大客户客服部的流程

（1）明确目标

首先需要明确公司的目标和愿景，以及大客户服务部门应该为公司实现什么样的目标。为此，可以从公司的业务计划和销售目标入手，确定需要招聘哪些人才和需要投入多少资源，以满足客户的需求。

（2）决定团队规模

根据公司的规模和业务需求，制定一个合适的团队规模，以确保能够提供充分的支持和服务，并同时维护客户关系，要综合考虑每个客户的需求和公司资源的限制。

（3）招聘合适的人才

为了提供最优质的服务，需要招聘具有专业技能、良好沟通技巧和服务意识的人才。可以在网络招聘平台上发布职位信息或者与猎头公司合作招聘。

（4）培训和发展

为了确保团队成员的能力和技能，需要提供全面培训计划。这将包括公司文化培训、产品知识培训、市场和行业趋势培训、客户关系管理和解决问题的技巧培训等。

（5）建立良好的工作流程和系统

为了更好地管理客户关系和提供支持服务，需要建立良好的工作流程和系统。这将包括合适的客户关系管理软件、针对特定客户的解决方案和服务计划、快速响应机制和客户反馈反应系统等。

以上是组建大客户客服部需要考虑的流程，当然具体情况还需根据公司的具体情况而定。

7.4 三大困境的应对策略

大客户管理的困境有顶层设计层面的，也有基层执行层面的。接下来，就从顶层设计和基层执行两个层面全面布局，按照开发前、开发中、开发后三个维度，系统化地建构一套科学的大客户开发管理系统，如图7-7所示。

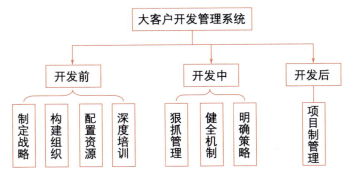

图7-7 大客户开发管理系统

7.4.1 开发前

（1）制定战略

战略解决的是"企业到哪里去"的问题，是"站在未来看现在"。大客户战略是企业战略的一部分，一个企业只有设定清晰的大客户战略目标，并将战略目标分解到各个部门、各个员工身上，才有可能将大客户战略真正落地。

在制定大客户战略时，不妨考虑以下问题：

有没有将大客户开发管理上升到战略高度？

有没有设定未来5年，甚至10年的大客户战略目标？

在公司年度目标里，是否设定了大客户收入在总收入中的占比？

（2）构建组织

战略决定组织，组织是战略实施的载体，在大客户战略确定下来之后，组织是支撑大客户战略目标的实现载体。组织本质上是一个权力系统，其核心是专业化分工。在创业初期，企业资源极度有限，所有与客户有关的事情，从前期调研到中期成交，再到后期维护，可能都由同一个人来干。然而，术业有专攻，当企业发展到一定规模以后，就需要进行更专业的分工，让具备不同优势的人进行分工协作。专业化分工越细致，组织的效率就越高。

（3）配置资源

组织构建好之后，企业就要开始为大客户配置资源了。为大客户配备最优质的资源非常重要，这可以帮助他们获得更好的服务和支持，提升其满意度和忠诚度。能否服务好大客户取决于企业的资源配置能力，企业要想提高大客户的投资回报率，前提就是为客户配备最优质的资源。比如，产品、服务和相应的人员等。如表7-3所列是需要配置的最基本资源。

表7-3　为大客户配置的最基本资源

激励方式	具体内容
优先服务通道	为大客户设立特别的服务通道，例如热线电话、电子邮件或在线聊天等，以便他们能够更快速地获得帮助和解决问题
高级技术支持	为大客户提供高级的技术支持团队，确保他们能够及时解决技术方面的问题，并提供专业的咨询和建议
专属客户经理	为大客户指派专门的客户经理，负责处理他们的需求和问题，并提供个性化的服务和支持
优先资源分配	在资源有限的情况下，优先考虑大客户的需求，例如库存、生产能力等，确保他们能够获得及时供应和满足
定制化解决方案	根据大客户的具体需求，提供定制化的解决方案，包括产品开发、设计、生产等方面，以满足他们的特殊要求
专业培训和知识分享	为大客户提供专业培训和知识分享的机会，帮助他们提升技能和知识水平，更好地利用所提供的资源

通过为大客户配备最优质的资源，企业可以提高服务水平和竞争力，增强大客户的满意度和忠诚度，进而促进业务的增长和长期合作关系的建立。

（4）深度培训

为大客户配备最优质的资源，前文所述，与普通客户的销售相比，大客户的销售难度大、决策链条长、决策结构复杂、竞争格局扑朔迷离。销售人员如果没有经过专业化训练，那么很可能一上

"战场"就沦为"炮灰"。因此,在开发大客户前,企业应对销售人员做培训,让其具备专业能力,不断地提升员工能力,与客户的需求相匹配,以提高大客户开发成功率。

综上所述,制定战略、构建组织、配置资源和深度培训,是企业开发大客户前需要做到的四件事。

7.4.2 开发中

做好开发前的准备后,就进入了开发中期,在这个阶段,企业需要做好两件事。

(1) 狠抓管理

营销部门的通病是"重业绩、轻管理",一切以业绩为导向。这是企业颠倒了业绩产生的因果逻辑导致的。正确的逻辑是"业绩是果,管理是因",没有好的过程管理,就不可能有好的业绩结果。因此,当很多企业抱怨大客户开发不进来时,就要考虑客户开发过程管理是否做到位。

如果企业没有对大客户开发的每个关键节点进行科学管理,那么即便产生了业绩,也不过是运气好而已。那么,什么是有效的过程管理呢?很多企业将过程管理等同于过程监控,这种做法过于简单。真正的过程管理包括两个步骤,第一个步骤是将战略目标转化为员工的执行地图。

比如,公司2022年的大客户销售业绩目标是5亿元,那么如何达成这5亿元的目标呢?管理者第一步要将达成目标的战略地图绘制出来:谁来卖?卖给谁?卖什么?怎么卖?销售动作如何量化?

考核机制是什么？

有了这张战略地图，企业也就有了战略目标落地的导航图。第二步是管理者对整个战略地图的执行过程进行有效监控。只有这两个步骤都做到位了，业绩才能有保障。

（2）健全机制

企业在明确了"做什么"和"怎么做"后，接下来就要解决"为什么做"的问题。很多企业设计好了过程管理流程与步骤，但员工缺乏执行的动力，这就意味着企业要通过机制设计来激活客服人员的动力。

因此，要想做好大客户开发管理，企业还需要匹配一套客服人员激励机制。客服人员激励机制是为了激发客服人员的积极性和工作动力，提高他们的工作表现和服务质量。如表7-4所列是客服人员激励机制的具体方式。

表7-4　客服人员激励机制的具体方式

激励方式	具体内容
绩效奖金	设立绩效奖金计划，根据客服人员的工作表现和目标达成情况进行评估，并给予相应的奖金激励
KPI考核	设定关键绩效指标（KPI），例如客户满意度、问题解决率、服务质量等，定期进行评估和考核，并根据表现给予奖励或晋升机会
表彰和赞扬	及时表彰和赞扬优秀的客服人员，例如通过内部公开表彰、奖状、员工荣誉墙等方式，激励他们继续努力
培训和发展	提供持续的培训和发展机会，包括技能培训、沟通能力提升、情绪管理等方面，帮助客服人员提升专业素养和个人能力

续表

激励方式	具体内容
职业发展机会	提供晋升和职业发展机会，例如内部晋升、跨部门调动、参与重要项目等，鼓励客服人员不断学习和成长
听取意见和建议	定期与客服人员进行沟通，听取他们的意见和建议，改进工作流程和提供更好的支持，增进他们对工作的参与感和归属感

这些激励机制可以根据具体情况进行灵活组合和调整，以激发客服人员的工作动力和积极性，提高他们的服务质量和客户满意度。

（3）明确策略

当企业设计了好机制，员工的意愿就被调动起来了，紧接着，企业还需要明确大客户的开发策略。因为开发大客户需要关系、专业能力，所以企业需要有一套标准化、可复制的关系策略和价值策略。

开发大客户的关系策略和价值策略，都是为了建立并维护与大客户之间的良好合作关系，并提供他们所需的价值。如表7-5、表7-6所列是一些常见的关系策略和价值策略。

表7-5 开发大客户的关系策略

关系策略	具体内容
定制化服务	根据大客户的需求，提供定制化的服务，满足他们特殊的要求，建立个性化的合作关系
定期沟通	定期与大客户进行沟通，了解他们的业务需求和挑战，及时解决问题，保持紧密的合作关系

续表

关系策略	具体内容
长期合作协议	与大客户签订长期合作协议，明确双方的权益和责任，增强双方的信任和稳定性
参与共同项目	积极参与大客户的重要项目，与他们共同合作，建立更深入的合作关系

表7-6　开发大客户的价值策略

价值策略	具体内容
产品/服务优势	针对大客户的需求，提供具有竞争力的产品或服务，以提供更高的价值
技术支持	为大客户提供专业的技术支持，帮助他们解决技术问题，提高产品或服务的使用效果
附加价值	为大客户提供额外的价值，例如免费培训、咨询服务、定期报告等，增加他们的满意度和忠诚度
成本效益	通过优惠的价格、折扣或灵活的付款方式，提供成本效益高的解决方案，为大客户节省成本
创新解决方案	根据大客户的需求和市场趋势，提供新的解决方案，帮助他们在竞争中保持优势

通过综合运用关系策略和价值策略，企业可以建立稳固的合作关系，提供有针对性的价值，满足大客户的需求，并推动业务的增长和发展。

7.4.3　开发后

开发后主要是进行项目制管理。开发成功并不是销售产品的终点，而是服务大客户的起点，这是因为任何企业开发出一个大客户，都会耗费大量的资源，如果在大客户开发完以后，企业就任其自生自灭，那么，这是对资源的巨大浪费。

企业既然已经投入了巨大的资源，就需要让这个投资活动持续产生回报。因此，在大客户开发完以后，企业还要通过项目制管理来锁住大客户，即通过对大客户的持续管理，将客户做大、做深、做透。

下面是项目制大客户管理的一些关键步骤。

① 项目规划：明确项目的目标、范围、时间、成本和质量等方面的要求，并制定详细的项目计划。

② 团队组建：根据项目需求，组建具有相关技能和经验的团队，包括项目经理、专业人员和支持人员等。

③ 沟通与协调：与大客户进行充分的沟通，了解他们的需求和期望，确保项目的目标和计划与大客户的期望一致。

④ 风险管理：识别和评估项目风险，采取相应的措施进行风险管理，以减少潜在的影响并保证项目进展顺利。

⑤ 资源调配：根据项目需要，合理调配资源，包括人力、物力和财力等，以确保项目的顺利实施和交付。

⑥ 监控和控制：定期监控项目的进展情况，与大客户进行沟通和汇报，及时发现和解决问题，确保项目按时、按质完成。

⑦ 成果交付和评估：根据项目计划，及时交付项目成果，并与大客户进行评估和反馈，以不断改进和提高项目管理和服务质量。

⑧ 关系维护：在项目执行过程中，积极与大客户保持良好的沟通和合作关系，建立长期的合作伙伴关系。

通过项目制管理大客户，可以更好地组织和管理与大客户的合作，确保项目的成功交付和客户满意度的提高。这种管理方式能够提供结构化的方法和流程，有助于协调各方资源、优化项目执行和管理风险，从而实现更好的项目结果和长期合作关系的发展。

第8章

从体验到增值：
体验只是过程，实现增值才是终极目标

服务驱动增长：
个性化服务＋精细化管理＋客户关系维护

案例导读

佰草集创建于1998年，是知名的本土化妆品品牌。在激烈的化妆品市场中，较之兰蔻、雅诗兰黛等国际品牌本没有太大竞争优势，但仍能在高档化妆品市场中占有一席之地，有着自己的秘诀，那就是客户关系。

佰草集特别懂得充分利用客户关系，对客户管理十分用心。比如，实施会员制，进行集中营销。为了开发客户、留住大客户，针对每位客户的实际情况，提供最精准的服务。佰草集的客户大部分都是有良好收入的，他们对生活要求是精致的，是有高标准的，一些低层次的恩惠与他们格格不入，客户不会喜欢，不会领情，只会觉得企业太小家子气，反而有可能放弃企业。

佰草集在几年的经验积累和其他公司的发展中得知，客户的管理策略是非常重要的，管理好客户，这个企业就成功了。

企业要想发展，需要善于挖掘现有客户中隐藏的商机，只有抓住商机，企业未来的发展空间才会越来越大。

客户关系就是企业想与消费者形成什么样的互动或者什么样的关系。客户关系也决定了企业到底是通过什么样的方式来引领消费者消费，在消费过程中如何与消费者互动，与消费者产生关系和连接。

第 8 章

从体验到增值：体验只是过程，实现增值才是终极目标

8.1 客户服务工作带来的商机

8.1.1 客服工作与商机的互联互动

在新的商业环境中，企业与客户的关系正在被重塑，一方面企业服务客户的渠道、工具不断更新换代；另一方面，客户为企业带来的价值也在发生着变化。这种新的关系使企业开始重新考虑从客户服务中挖掘更多增长机会。

由此可见，在新的企、客关系中，从客户服务工作中更容易挖掘更多的商机。这主要是源于如图8-1所示的4个原因。

图8-1 从客户服务工作中更容易挖掘商机的原因

（1）消费者角色的转变

随着消费者消费意识和消费习惯的改变，现在的消费者已经不再是单独的个体，他们因品牌、产品或共同的喜好紧密地联系在一起，借助移动互联网技术组成一个个圈子。在圈子中，更多、更充分地表达自己的意见、建议和好恶，相互之间的作用更加显著。

从这个角度看，现如今的消费者角色已经改变，不仅是产品或服务的购买者，还是推广者、宣传者。对于企业而言，企业应抓住

机会,让消费者成为自己最强大的销售顾问。

美国职业棒球联盟(MLB)的克利夫兰印第安人队就利用了这种新的趋势,他们召集球队粉丝建立了"印第安人社交俱乐部",并鼓励粉丝对球队进行全方位讨论。为了鼓励球迷积极参与,俱乐部不但提供免费的球票和海报,还邀请活跃球迷观看现场比赛并分享观赛感想。

(2)企业服务模式不断创新

通过服务模式创新,推动客户关系与营销模式的进化,从而带来新商机。比如,以往用电子邮件发送促销信息大概率会被客户当作垃圾邮件,而通过扫描二维码推送很容易被接受,这就是服务创新。

如果企业能通过服务模式创新与消费者互动,那么就能创造个性化的服务体验,而互联网技术、社交平台的大范围运用为这种创新提供条件。正如腾讯云、腾讯企点某高管所说:"当下,很多传统的物理形态产品,会通过服务化体现在产品全生命周期中,一端连接用户,一端连接企业。"

例如,维珍航空公司美国分公司通过脸书、推特为客户提供服务。客服人员关注社交媒体上有关航空公司的信息,当有人需要帮助时,他们会及时回应。乘客可以通过社交媒体完成一些简单的请求,例如预订飞机上的轮椅,这样他们就不必与客服中心联系了。

企业与客户的沟通,从之前的点对点或单向广告公关,逐步向双向互动或社交化方式转变。再加上智能化、数字化的到来,企业将通过开放平台连接外部系统、客户和上下游,借助人工智能、大数据能力,高效自动地处理分析客户信息。这些创新都将为企业带来绝好的商机，既可以建立竞争对手难以企及的客户亲密度，还可以让品牌更具影响力。

（3）与消费者接触方式有所改变

与消费者进行接触，很多企业仍在用传统的方式。比如，当需要与消费者进行沟通时，仍是通过各种市场渠道向消费者传递信息；当需要聆听时，还是抽出一个小小的消费者样本，进行市场调查。

这种过时的沟通方式现在需要改变，明智的公司已经意识到，利用不同接触方式为消费者带来不同的体验。只有企业了解消费者的渠道大大增加了，消费者信息采样样本才能得到极大扩充。

要完成这种转变，就要打破各种渠道之间的藩篱，以一种全方位的形式与消费者进行接触。

SAP公司就为奢侈品公司博柏利（Burberry）开发了一款应用软件，它可以将公司从各种渠道的数据汇集到一起。当客户进入卖场时，摄像头会进行自动识别。博柏利的销售人员就可以通过手中的iPad了解客户的详细信息，包括联系方式、购买历史、消费数据、喜好产品以及其在社交媒体上对本品牌的评价。这样销售人员就可以一种全新的方式与消费者进行接触。

（4）客户信息利用度越来越高

企业与消费者的关系越牢固，他们从消费者处获取的数据就越可靠，这是一种良性循环。有了更丰富的客户信息和更深入的客户互动，企业便能快速发现客户需要什么、反感什么，并采取相应的行动。

企业的最终目标,是要大规模地建立个性化客户关系。尽管大规模与个性化听起来是一对相悖的概念,但在多渠道和大数据分析的帮助下,企业对客户信息的利用度越来越高,企业完全有能力与消费者建立前所未有的互动和亲密度,让每一个人都感觉到,他们是独一无二的。

8.1.2 客服工作中蕴藏的商机

客户服务是现代企业中一个必不可少的发展策略,可帮助企业与现有客户互动,并提高销售、服务和营销的效率。除此之外,客服工作中还隐藏着许多其他看不到的商机,所谓商机就是销售机会,商机是与客户做一笔生意的跟进过程。

客服工作中隐藏着的商机有如表8-1所列的5个。

表8-1 客服工作中隐藏着的商机

商机	具体内容
销售升级和服务升级	通过为客户提供服务,了解他们的需求以及他们需要哪些额外的服务或更高级别的产品。通过向客户提供升级或升级销售的机会,可以增加销售机会
销售附加产品和服务	当客户联系客服人员时,有机会推销其他产品或服务。这可以通过告知客户可用的其他产品、服务和优惠促销来实现
通过客户口碑进行营销	客户对产品或服务感到满意时,可以请他们在社交媒体上留下正面评论,或者在网站或在线市场上发布评论。这可以吸引更多的客户,并增加销量
收集客户反馈和建议	根据客户反馈和建议改进产品和服务。这可以帮助提高客户满意度,从而提高忠诚度和口碑
有适应变化的市场需求	通过与客户建立长期合作关系,可以了解他们的需求和需求趋势,从而为公司提供有价值的意见和建议,以适应不断变化的市场需求

综上所述，客服工作提供了许多商业机会，包括升级和升级销售、销售附加产品和服务、通过客户口碑进行营销、收集客户反馈和建议以及公司发展。通过充分利用这些商机，可以增加销售量、获得客户信任并提高业务的整体表现。

8.1.3 商机挖掘的流程与方法

在新的客户服务体系中，客户身上隐藏着的商机更多。因此，在客户身上挖掘商机，也成为开展客服工作的一项主要内容。

以下是从客户服务工作中寻找商机的两种方法。

（1）分析客户数据

通过分析 CRM 数据库中的客户信息，可以确定哪些客户具有潜在商机。例如，可以查看客户购买历史记录、活跃度、访问频率等指标，以确定哪些客户可能需要更多的支持或产品。

Catalina 是一家市场营销公司，他们在这方面树立了成功的先例。当购买商品时，客户会扫描商品上的二维码，通过新技术，公司会得知消费者现在的地理位置。计算机会自动将消费者个人信息与位置信息匹配，最后向消费者推送新的促销信息。而推送的产品信息正是消费者喜好或需要的商品。

通过对客户更深的了解和大数据分析技术，企业可以提供更具吸引力的客户体验，用过去的交易记录提示现在的对话沟通，通过定位服务让交易变成互动关系，最终将客户信息转化为更高的客户亲密度。

（2）跟进客户反馈

通过客户服务系统，可以跟进客户的反馈和建议，从而进一步发现新的商机或改进现有产品或服务。例如，如果客户在购买某个产品时，显示出的对其他产品的数据有兴趣，便可以通过 CRM 推荐相应的产品或服务。再如，如果多个客户提出类似的反馈或建议，这可能说明有一个潜在的市场机会可以满足这个需求。

另外，通过客服工作还可以确定冷门市场。比如，使用 CRM 数据库识别潜在的冷门市场和新客户细分群体，查找没有购买过产品的潜在客户，并根据其潜在需求进行营销和销售策略。

综上所述，利用客户服务系统根据客户反馈，都可以更好地了解客户需求、跟进客户反馈、发现交叉销售机会和确定冷门市场，以帮助寻找新商机。

需要注意的是，无论用哪种方法都需要遵循一定的流程，具体如表8-2所列，这个流程保证了方法的客观有效。

表8-2　商机挖掘的流程

流程	具体内容
客户调研	对现有和潜在客户进行调研，了解他们的需求、挑战和目标。通过问卷调查、电话调查或面对面会议等方式获取详细信息，以确保深入了解客户的诉求
数据分析	分析客户数据和购买行为，寻找潜在交叉销售和升级机会，通过审查购买历史、产品使用情况和偏好，发现可能存在增值或升级需求
定期沟通	通过电话、电子邮件、社交媒体或面对面会议等方式，与客户保持定期沟通，了解客户最新情况和变化，并提供支持和建议

续表

流程	具体内容
聆听需求	倾听客户的需求和问题，并提供相应的解决方案。通过仔细聆听和提问，挖掘出他们未表达的隐含需求和机会
产品演示	为客户提供产品演示和培训，展示其潜在的商机和增值功能。通过演示产品的附加功能和优势，激起客户的兴趣并引导他们考虑更高级别的产品或服务
提供个性化建议	基于对客户的了解，提供个性化建议和推荐。根据客户需求和目标，为其提供符合特定情况的解决方案，并强调相关的商机和利益
寻找交叉销售机会	通过了解客户的业务模型和流程，寻找与当前产品或服务相关的其他交叉销售机会。例如，如果提供软件解决方案，可以考虑提供培训、咨询或定制开发等附加服务
培养关系网络	通过参加行业活动、加入专业团体、参与社交媒体讨论等方式，建立和培养与客户相关的关系网络，并寻找新的商机和合作伙伴
创造独特价值	通过创造独特的价值和竞争优势，并找到与之不同的创新方法，以吸引客户并满足其独特需求
定期评估和调整	定期评估挖掘客户商机的方法和策略。根据市场变化和客户反馈调整方法，并寻找新的挖掘机会

通过有效地挖掘客户商机，您可以发现新的销售机会，增加客户价值并促进业务增长。关键是了解客户需求、提供个性化解决方案，并与客户建立紧密的合作关系。

8.2 商机处理流程和注意事项

8.2.1 商机处理的流程

商机是稍纵即逝的,一旦察觉到商机的存在,就要牢牢把握住并迅速将商机转化为行动。这个转化过程大致有六大步骤。

(1)第一步:挖掘潜在商机

挖掘商机的本质是找到有需求的潜在用户,并且让他们对公司的产品/方案感兴趣,愿意把公司的产品/方案列入考虑清单。

根据这个定义,可以看到挖掘商机有两个关键点:其一,是与潜在用户建立联系,也就是让潜在用户知晓公司的产品/方案;其二,是让潜在用户对公司的产品/方案感兴趣,也就是让潜在用户相信公司产品/方案的价值。整个商机挖掘环节,就是围绕这两个部分来开展。

(2)第二步:分析潜在商机

当确定有意向的商机后,就要及时跟进,以日历的形式做好记录,一方面有助于引起客户重视,留下更深的印象,有助于客户了解企业、了解产品;另一方面也有助于企业了解客户需求、发现客户需求。

挖掘商机背后的需求后,要进一步分析,这就需要耐心引导,通过话题的深入来不断试探客户真正存在的痛点问题。我们可以先梳理出沟通的逻辑,比如,搞清楚客户"需要什么""想要什么""想用来干什么":

① 聊动机：选择产品想解决什么问题，现在还面临这个问题吗？

② 挖痛点：有没有遇到其他问题？

③ 确定需求：最后要引导客户明确他的需求和预期。

（3）第三步：确认商机价值

当通过跟进、沟通发现商机表面需求时，也并不等于就能确定需求的价值大小，因为需求≠表面需要。我们需要挖掘出客户真正的痛点问题，识别真实需求，才能为客户需求匹配合适的解决方案。

美国著名心理学家麦克利兰于1973年提出了一个著名的模型："冰山模型"，该模型在客户管理中同样适用。客户的需求也存在一个"需求冰山模型"，大体可以分为直接需求、潜在需求和深藏的需求。直接需求是可以被看得见的，而潜在需求和深藏的需求则藏匿于海平面之下，不容易被看见。对于不同的需求，就需要提供不同的解决方案，不同的需求与相应的解决方案如图8-2所示。

下面可以通过问题漏斗这个工具来挖掘真实需求，具体如图8-3所示。

（4）第四步：商机价值评估

企业通过了解到的商机信息，综合评估商机是否具有价值，风险是否大。如果商业价值大、风险小，那么企业就可以派遣负责人对商机进行跟进，具体计划发展商机的步骤。反之，如果商机价值一般且还存在风险，那么企业就应放弃商机或者继续研究商机。

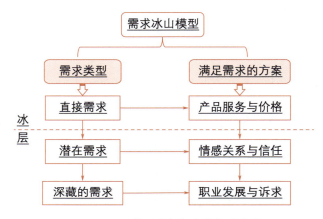

图8-2 不同的需求与相应的解决方案

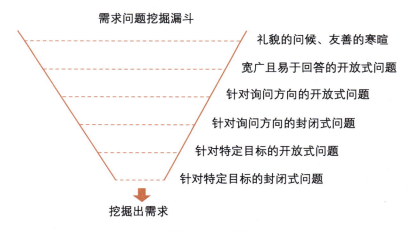

图8-3 通过问题漏斗挖掘客户需求

确定商机价值之后,企业就要制定产品的销售计划,对客户的信息进行进一步分析,找出客户的特点,针对这些情况来制定计划。

（5）第五步：商务谈判

商务谈判是决定能否成单的一锤定音阶段，看似距离成功一步之遥，但其实工作远没有做完，只要还没有签合同，就不能放松警惕，需要做好万全的准备，并且随机应变。下面是谈判过程中实用的5个技巧。

① 建立融洽的气氛。在谈判之初，最好先找到一些双方观点一致的地方并表述出来，给对方留下一种彼此更像合作伙伴的潜意识。这样接下来的谈判就容易朝着一个达成共识的方向进展，而不是剑拔弩张地对抗。

② 设定好谈判的禁区。谈判是一种很敏感的交流，所以，要避免出现不该说的话，最好的方法就是提前设定好哪些是谈判中的禁用语，哪些话题是危险的，哪些行为是不能做的，哪些是谈判的心理底线等。

③ 语言表达简练。在商务谈判中忌讳语言松散或像"拉家常"一样的语言方式，因此，谈判时语言要做到简练，针对性强，争取让对方大脑处在最佳接收信息状态时表述清楚自己的信息，如果要表达的是内容很多的信息，比如合同书、计划书等，那么适合在讲述或者诵读时语气进行高、低、轻、重的变化，引起对方的主动思考，增强注意力。

④ 多听多想，以柔克刚。在谈判中我们往往容易陷入一个误区，那就是一种主动进攻的思维，总想把对方的话压下去，总想多灌输给对方一些自己的思想，以为这样可以占据谈判主动，其实不然，我们要多听对方说什么，多想对方需要什么，站在对方的角度

换位思考，以柔克刚。

⑤ 控制局势，以退为进。虽然我们无须太强势，但也要主动争取把握谈判节奏、方向，甚至是趋势。我们要能跳出像脑筋急转弯一样的思维陷阱，而后要善于施小利、博大利，学会以退为进。在谈判中一个最大的学问就是学会适时地让步，只有这样才可能使谈判顺利进行，毕竟谈判的结果是以双赢为最终目的。

（6）第六步：协调跟踪，做好服务。

在推进商机的过程中，客户的维护工作也不容忽视。拜访客户后，应该为客户建立完善资料档案，安排服务计划，提升客户满意度；还要对客户进行回访，复盘自己的问题，销售过程中要时刻掌握销售情况，做好产品销售各方面的协调工作，使产品在各个渠道销售的库存相当，改进自己的交流方式和服务方法，这样才能有效留住客户，为今后积累人脉，也有助于树立客户信任。

8.2.2 商机处理的注意事项

前文所述的六大步骤之下也有细节之处，这些细节都是做好大客户商机工作的关键之处。

① 商机不会自己出现在企业的眼前，它需要长时间的积累，有一双慧眼识别商机。还需要在工作中不断去寻找商机，有挖掘商机的能力。细致工作，在工作中发现销售线索，能对销售线索作出核实。在产品销售前，能在电话内容中做出引导和调查，通过已经得到的信息确认销售线索的合理性，判断销售线索能否成为商机。

② 仔细分析商机类别，将商机准确分配给销售团队，再分配具体工作，将商机分配到个人。

第 8 章
从体验到增值：体验只是过程，实现增值才是终极目标

③ 科学评估商机，跟踪管理商机，客观判断是否实施商机，制定计划，思考商机如何与同行业的其他企业进行竞争。对客户所在组织进行剖析，分析客户可能需要的需求，并且作出方案，满足客户的需求。在产品的设置和装备上进行设计，确定产品定价和上市后如何进行销售，确定相关的合同细节，制定相关的合同。通过和客户的商议初步确定产品的报价，然后上交给领导进行批准，批准后双方对合同内容进行谈判，在每一个细节上达成共识后签订合同，无法达成共识则结束谈判。

④ 签订合同之后，企业做好销售和售后服务之间的合作。成功交易后，企业要引进产品生产需要的技术，准备针对产品要提供的服务。对企业员工进行培训，传授销售知识，让服务人员、工作人员和企业达成一致。保证销售和服务工作在企业内共享，在新型的产品服务中同样要认真工作，以便发现服务中可能存在的商机。

⑤ 企业要在最短时间内给出准确报价，并和客户完成谈判。为了谈判更有把握，企业要做好关于客户的一些工作，分析出客户的需求，并且作出满足需求的活动计划，罗列产品的装备和技术，提出产品的报价，交给领导，修改或准许报价，确定报价无误后企业对报价进行督促，将产品报价誊到谈判合同和产品订单中。

在客户下单之后，企业要尽快生成订单，做好合同，让领导批准确认订单。如果订单需要客户自己创建，那么客户需要先注册，了解相关产品，了解自己在产品上的需求，选择合适自己的产品，再选择适合自己的产品配置，适合的产品价格，对产品的运行过程

进行审核，审核无误生成订单。

客户要时刻关注订单，让订单在自己的控制之内，包括订单信息，对订单进行检查，发现错误及时更正修改。确认订单无误后，由工厂出货，选择产品，对产品进行细致包装，然后开始产品运输，最后完成产品交易。